是谁发明了文字？

是谁发明了书本？

这是智者和作家的事。

谁能将难懂的文字说清楚？

这是漫画家的任务。

蔡志忠
动漫一生

蔡志忠 著

译林出版社

目　录

我像走在北极的一匹狼
宇宙孤寂得唯有一人存在
偌大的冰原
唯一会动的只是山雀的眼睛
默默无言，朝向梦想
唯一会听到的只是那颗炽热的心

序一｜走不完的心路

三毛◎文

是谁来的？

前几年的一个盛夏，我恰好回台。就在同时，新加坡的好朋友，当时《联合早报》的董事、总经理黄锦西、莫雪黛伉俪也来了台湾。

和锦西、雪黛是多年好友了，知道他们抵台，我迫不及待地跑去希尔顿饭店探望他们。因为当天下午锦西约见了许多公务上的朋友，所以外间的客厅让给了他，雪黛和我躲在内室中，讲也讲不完的话，东南西北地扯。

雪黛靠在床边给我弄水果吃，我抱了一个大枕头盘腿坐在地毯上，就坐在电话旁边，因此顺手替他们接电话。电话好多，典型的中国式

我和三毛

热情欢迎远方来的朋友。

就在接好多次电话之后，又来了一通电话，对方客气地在电话中自我介绍，说是蔡志忠。我将电话筒捂住，轻问雪黛："接是不接？"

雪黛听到这个人的名字，跳起来抢过电话说："锦西在忙，什么时候一同吃饭要等会儿才知道，请蔡先生过几分钟再打来。"

挂了电话，雪黛看我表情漠然，才好吃惊地问我："刚才是蔡志忠打来的，你不认得他？"

我茫茫然。她说：“亏你还是个漫画迷来的，《大醉侠》难道不晓得？”

这才轮到我尖叫起来，把枕头用力一打，怪她怎么不在电话里给我介绍。

“反应慢来的，现在明白了？”

雪黛笑着敲了一下我的头。新加坡的人，用华语和我们有些不一样，他们的口头语“来的、来的、来的”，什么句子上都用，听了十分有趣。

后来电话又响，我就在电话里向蔡志忠叫喊：“我是三毛来的，久仰大名了，你们要什么时候聚餐，我也要去，你请不请呢？”

想去认识一位心中仰慕已久的漫画家，却因为自己俗务缠身，结果没能参加一场渴望的晚餐。

许多年，就这样流去了。

蔡志忠的电话

今年中秋节回到台湾，下决心不再远居，其中最大的原因还是为了年迈的父母。就在去年夏天，事实上我已购下了一幢楼中之楼、外加屋顶小花园的陈旧公寓，将这个家布置得极为乡土又舒适，就坐落在与父母家几条巷子相隔的地方。当时，我想与父母天天见面，可是总在深夜才回到自己的小楼来生活。

这一回，父亲主张将那栋属于我的小楼卖了，搬回家去与父母同住，省得两边跑又得费心打扫花园。一时间，我答应了父亲，于是小楼要卖的消息就传了出去。

有一天，我回家去，母亲说有一位“蔡自忠”先生打电话来，说“如果三毛卖房子，请先通知”。

我看见母亲留下来的字条上写着“自忠”，一时反应不过来，立即回了电话，那边说起黄锦西先生。

我这才又尖叫起来：“蔡志忠，蔡志忠。”连名带姓地喊他，好似一个老朋友一样。原来是“大醉侠”。

如果房子能卖给他，我的心里不知道会有多么高兴，可是一时间又舍不得卖，因为还没能在屋顶花园里看到明年的樱花，而我正在热切地盼望着。

蔡志忠说：“没有关系，我也并不急着找什么房子。”

后来在电话中我们谈起别的事情来，才发觉，他的漫画已经有了另一个方向——将中国的经典名著搬上了漫画的舞台。

没过几天，我收到一本美丽的书，书名叫作《庄子说：自然的箫声》。在那个深夜里，我捧着一本漫画书，看见我心深爱的哲人——庄子——的思想，经过漫画，成了一本人人可读、可懂、可赏的图画故事，内心的激荡是不可言喻的。

我同时也在想：“为什么前人从来没有想到，中国看似艰深的哲学思想，可以通过漫画的通道，走向一条更通俗、更被人接受的路上去？”

就是蔡志忠的智慧，使一些视古书如畏途的当代中国人，找到了他们精神的享受和心灵的净化。

没过几天，我去了忠孝东路金石堂书店，发现这本漫画书高居畅销书榜首，我的心，再一次默默地欢喜。毕竟，中国人还是爱中国的，这本好书的诞生和畅销就是一个最好的证明。

于是，我悄悄地去探悉蔡志忠这个人的一生，发觉，他的成功是必然的，其中没有偶然。

他的故事

蔡志忠在念完了初中以后就放弃了学校模式的教育，他，不再上学，而是将自己的心怀意念完全投注到一个在少年时就已肯定了的兴趣上去。

他的自我教育和手中的那支笔，在成长的路上，可以说借着不断的尝试和摸索，一步一步、日日夜夜，就为着一个理想——没有怀疑过的理想，带着他走向未知。

15 岁开始画漫画，20 岁时已经出版 200 多本武侠漫画了。就算是我们口中由 1 数到 200 就得花上好几分钟的时间，更何况那不是数字，是 200 本实实在在的漫画。光凭想象，就可以晓得作者近乎痴迷入狂的那份努力。

我觉得，一个人无论做什么事情，如果少了那份痴心和热爱，终是难有成就的。而这份“痴迷”，如果不在一开始就坚持下去，时间过了,也会冲淡。只有在不断的追求里——“一步也不离弃”的追求中，人，才能在付出了若干年的血汗后，看见那个可能进入的殿堂。

本以为，蔡志忠画了那200多本漫画之后，接着而来的三年兵役可能使他就此放下画笔，可是他的心，还是在漫画上。半大不小的青少年，服完了兵役，还是囊空如洗。也是在那个时候，天主教的光启社招考美术设计人才，这个广告上明明写着必须具有大专程度的学历，可是蔡志忠这个初中毕业生偏偏跑去报名。因为他的学历不合要求，于是蔡志忠跑去向光启社的鲍神父恳求，请神父无论如何给他一个参加考试的机会。

那一次，蔡志忠考赢好多好多大专生，进入光启社去工作。我认为志忠的获准考试，除了他本人的努力之外，鲍神父的爱心也令人感动。

谁教卡通?

蔡志忠虽然画了许多年的漫画，可是对于卡通片的制作技术还是陌生的。当他进入光启社，接触到许多卡通片的资料和片子之后，以他这么好学又好画的个性来说，等于进入了一座宝山。虽然完全没有人教导他如何制作卡通片，可是他自有方法和苦心，一张画面又一张画面锲而不舍地去追求，去研究，去尝试，去失败，再去分析、探讨、改进。

这一段又一段心路历程想来是艰苦而磨人的，可是我相信志忠并不以为苦，在他的学习过程中种种经历过的琐事，在他那份忘我舍命的追寻里，必然给了他相同代价的回报。这段长长的路途，终于在1976年远东卡通公司、1981年龙卡通公司的诞生后，给了蔡志忠另一个天地。

蔡志忠去画卡通片了！

1981年，一个初中毕业的青年，抱回了一座“金马奖最佳卡通片”。如果当年我在台湾，在电视里看见蔡志忠去领奖，我一定会快乐得又要擦泪又要替他鼓掌。这条路，是他——一个痴心人——所走出来的。由台下到台上的那条路——很长。以后的蔡志忠漫画，不只在台湾地区和香港地区，他的作品同时在新加坡、马来西亚、日本……跟读者见面。发表的作品：《大醉侠》《肥龙过江》《光头神探》《西游记三十八变》《盗帅独眼龙》……使我这个爱看漫画的人一回来就想找书来看。

1985年，我大半时间不在台湾，当我知悉蔡志忠当选“十大杰出青年”的消息时，内心深深地为他感到光荣与骄傲。

虽然，那时候我们并不相识，可是我一直关注着他，内心也曾想过，以后的蔡志忠，会再画什么、写什么呢？他能不能够有另一个突破呢？而这种突破，作为读者的我们是绝对不可以写信去给他压力的，毕竟他才是最明白自己的人。

更上一层楼

当我的手中拿到《庄子说：自然的箫声》这本书时，不必他对我讲什么，我自然而然地又看见了蔡志忠更上一层楼的成绩和进步。

在电话中，我问志忠：“除了庄子，下一本你画哪一个‘子’呢？”

他说："老子也画了。"

我再追问："再下一个是什么'子'呢？"

志忠说："是列子。"

列子？列子？当年我的中国哲学史可是考到99分的，却不甚明白列子说过什么。于是，自己查，托人又去查，都只有时代、作者，并没有关于《列子》这本书更进一步的说明，直到昨天晚上。

当我匆匆忙忙赶回父母家去的黄昏，我看见一本放置得整整齐齐的笔记夹在茶几上等着我，翻开来一看，竟是蔡志忠的新作《列子说》的稿件。当天晚上，不必再查书了，就将这本精致的原稿《列子说》由《汤问篇》开始慢慢地看起来。

我看其中的思想、故事，当然也看漫画，更看那些文字和图片的布局与安排。

一个念哲学的人如我，一面看一面觉得汗颜，原来还有那么多引人深思的故事自己都不晓得。

如果不是志忠请人送来原稿，我的常识不会再宽广一点，这是要深深感谢他的。

又在电话中，我问志忠："你怎么选了比较冷门的这本书来画呢？"

志忠回答得好，他说："心里喜欢的书，就去画，没有什么特定的理由。"

我觉得志忠是一种林怀民所说的"自由魂"，他的谈吐、绘画以及"古书新说"的方式都是出于一种自然。

也曾跟志忠说："这份工作很苦。"

他笑着说:“忙、累都会有的，可是我不以为它苦。世上许多事情，只要甘心，吃了多少苦头都不会受到伤害，它们反而成就了一种可贵的印记和生命的痕迹，是成长中不可少的经历与磨炼。”这种体认，我本身也有过，以此去类推，蔡志忠这条漫长的心路，就很能体会了。“和先圣并肩论道”是蔡志忠收入《庄子说》这本书中自写的一篇前言，我的看法与他不谋而合，都写在本篇第二小段里去了。

我喜欢蔡志忠在文章中与先圣“并肩”那两个字的含义，也看出他在这一阶段中所着手绘画的大计划和苦心。他的确正在“并肩”——与古人一司工作。

目前《庄子说》《老子说》都已结集，现在志忠的新作《列子说》也跟我们见面了。我禁不住在这儿要为这一位勤力、勤思、勤学、勤画的杰出青年喝彩、鼓掌加感谢。但愿经过这一本又一本漫画，我们在观看漫画——赏心乐事的时光里，自然而然悟出先贤的思想和人生的哲理。

蔡志忠，好朋友，请问你听见我们为你起立鼓掌和那一声声“加油、加油”的喊声了吗？

收录在三毛佚作《你是我不及的梦》中，约写于 1987 年

序二 | 大醉侠的脐带

李碧华◎文

大醉侠好像是已经流行了好久的卡通人物，其实他“老人家”是一炮而红的。他在 1983 年 11 月方才面世，至今还不到一年，但已在台湾、香港地区流行，更是在日本、澳大利亚、美国、新加坡等外国江湖行走，简直像个神话。

大醉侠这仁兄，广东俗语中最传神的形容词“歪挑鬼命”便是为

他而设，他顽皮、缩骨、奸邪。他的行径荒诞，比武招式旁门左道，又其貌不扬，嘴里永远衔着一株小草。

广告起家

我对这小草很有兴趣，问原作者蔡志忠：“是不是因为他缺乏安全感，所以像史努比漫画中那小孩，起整日抱着一块安全毡的心理作用？”

蔡志忠说：“你猜得不对，他比你所说的严重多了。”

他解释说：“我原来也没刻意塑造他衔着什么，后来才下意识地觉察到，那小草所代表的是脐带，这个人不安全到有恋母情结。”

真没想到，以后读者可从四格漫画中，进一步认识他的不安全感。

蔡志忠真奇怪，一点也不像笔下的大醉侠那么活跃，他给我的第一印象是：腼腆、害羞。吓得我！在香港，害羞的男子属于稀有野生小动物，大概需要政府立法加以保护。

忽然在台北南京东路五段的龙卡通公司认识一位那么害羞的男子，真有意思。他的大名家喻户晓，大部分的报纸刊物都有他的作品，同样一段漫画，便坐收世界 9 份版权费，他还不觉得自己红呢。

最初他是搞广告的，香港的电视上也放映过他导演的广告，例如狮球唛广告等。当然，你所记得的林子祥形象的沙士告白，便是出自他的手笔。在广告之前，他导过《七彩卡通老夫子》《山 T 老夫子》《乌龙院》《杜子春》四部动画电影。

也曾失意过

最灰心的一段日子，是制作《山T老夫子》时，虽然他自己很用心地赶，却什么也得不到。片子拍得不好，票房又不佳。《七彩卡通老夫子》倒是非常轰动。

一路追溯上去，最初的最初只是一个初中生时，他便已经投稿。17岁时便月入1万多元台币，收入是父亲的5倍。自从服兵役后，他觉得画漫画好像也没什么面子，忽然不想画了。他给我看一本画册，是他十几年前画的水浒人物漫画，全部不成比例，却各具特色，不过他画了30个就很闷，又搁下不画了。

“不过后来仍然是搞这些。”始终不能摆脱。他如今拥有龙卡通公司，是个从不发脾气的老板，员工四五十人。

他带我参观各部门，有上色、背景、制作、描绘、动作设计等。有时有一百多员工，那是因为绘制长篇动画电影需要大量人手。近作是《乌龙院》，台北已经上映了。还有单慧珠的《爱情麦芽糖》，我在香港见到一些片段，马上认出是蔡的风格。这戏很有趣，一半是电影，一半是卡通，匪夷所思。像他那么温柔，单慧珠那么阳刚，合作的过程一定更有趣，十足一个女强人在跟一个文弱书生配搭着。

他告诉我：“我的公司只单叫一个‘龙’字，那是很男性的字。”

“如果要换一个女性的字，你拣什么？”

“我会拣‘雅’字。”

（不是聋，就是哑？）

我问蔡："你每天工作量多少？"

"24 小时都在开工。"

他永不拖稿。笔下的人物除大醉侠外，还有光头神探、盗帅独眼龙等。每个人物，他都是早早画好一千多个表情姿势。构思好之后，加以描绘就是。他想得很快，有一天晚上他请我吃夜宵，我迟了，他在等我的短短一段时间里，已经想好 9 段题材，他每天晚上大约在凌晨四点之后才上床睡觉。

太太是电视台导播，所以接受一切不正常的作息。女儿已经 8 岁，而他真一点也看不出来是 36 岁了。

爱打桥牌

"你那么忙碌，岂非没什么消遣？哪有快乐可言？"

"我最喜欢的是打桥牌。"

他的工作室里摆着很多奖牌，冠、亚、季军都有，全是桥牌赛得来的奖杯。其他时间他都用来工作。抽的烟是土产"长寿"（土产香烟，很多艺术家喜欢，林怀民也抽这牌子）。日常饮料是咖啡，浓的。晚餐是 120 块台币的快餐，但他给岳父母和妻子 20 万台币，让他们到日本旅游。

他这样说："我只觉平淡的生活最好。"

那晚消夜，他喝了一点酒，忽然告诉我："我打算不再继续经营卡通公司了。"

“为什么？”我很奇怪，方兴未艾呀！

“我不喜欢处理行政，我会把公司股份送给员工，专心画漫画。五年内自己一个人完成大醉侠卡通电影，希望不会令自己脸红。”

“你认为大醉侠可以持续受欢迎吗？”

“我不知道，也许很快就不受欢迎了。”

是的，一切都是不安全的，虽然现今那么红。

“你赚够钱了吗？”

“够多的了。”他想想又补充，“不应该说够多，人家会笑话，应该说不是赚得多，而是我花得很少。”

所以他觉得够了，够不够多全在于每个人自己的标准。夜里蔡志忠开车送我回旅馆，途中经过一些僻陋民居，一幢旧楼要拆了，他指给我看：“20年前，我从乡下彰化来台北时，就住在那儿。”

那儿还余下一间古老的牙医铺子，写着“安康牙科”。

他只是一个初中生，今日已成为台湾的成功人士。记得他投稿，把自己的作品拿到大报去，不见底下人，只直投上级。

毫不卑微地介绍：“我已经在你们楼下了，我的作品很棒，要不要下来看一看？”在那一刻，他就是他自己的脐带。

1984年3月20日

补记：

李碧华采访完的三个月之后，蔡志忠果然如其所言，结束经营了七年的龙卡通公司，只身到日本东京四年，画完一系列漫画中国思想：《庄子说》《老子说》《孔子说》等。这套书出版以后，全球共有45个翻译版本，总共销售了4000多万本，轰动亚洲出版界！

我热爱画画，世间再也没有什么事情比得上手握画笔挥洒思想更让我开心的了

自序｜梦想成真

蔡志忠◎文

没有孤独，
什么事都干不了。
当我们闭口不言，处于孤寂时，
大脑便喋喋不休地说起话来了。

我出生于贫穷的乡下，没有家世，没有学历文凭，没有显赫背景，又时逢百废待举的第二次世界大战后。唯一拥有的只是自己的小小梦想，梦想有朝一日能成为当时并不怎么令人羡慕期待、令人看得起的小小漫画家。

15 岁起从事漫画至今 50 多年，我还兴致勃勃、乐在其中，持续从事动漫行业。

有人问我:“如果时光能倒流,你会不会改变初衷,从事别的行业?”

我回答:“开玩笑,请问世间还有什么比美梦成真更快乐的呢?”

1989年,台湾文经社吴社长打电话给我:“蔡先生,我们已经收集好云门舞集林怀民、女子高尔夫名将涂阿玉、漫画家蔡志忠你们几位‘十大杰出青年’的资料,想出版你们的自传。”

我说:“吴先生,感谢您看得起,但我不是伟人,没有长江黄河的奋斗血泪史,没自认伟大的大头病,谢谢您的善意。”

一年后,台湾远流出版社总编辑周浩正先生打来电话,很明显周先生比较擅长说服别人,他说得我无言以对,不好意思拒绝。

周浩正说:“我们不出版你的自传,而是希望通过你的人生故事,让年轻朋友可以学习,或许其中有句话或有段故事可能会影响他们的一生。”

由于我正移民温哥华,当时又不太会写作,便以口述录音方式,由远流主编杨豫馨小姐整理,才有了1992年《蔡志忠半生传奇》的出版。今年我疯狂写作无法止息,因此才有亲自写自传的想法。

这本书出版的理由跟25年前一样,希望我的人生故事,其中有一则观念,或一句话,或一段往事能让年轻朋友学习,或许真能影响他们的一生。

我个人认为改变一个人最有效的方法莫过于改变观念。努力和毅力只是一时,改变观念才是一生一世。从前我出版的《豺狼的微笑》里有一则故事:

绿绿草原，有 100 只兔子，兔子高兴几点起床都行，因为大家都能吃得饱饱的。

后来兔子繁殖到 1000 只，草原面积没有变大，从此兔子必须清晨三点起床才能吃得饱。

最后兔子繁殖到 10000 只，草原快被兔子啃光了。兔子就算每天花 24 小时努力吃草也吃不饱，大家都快饿死了。

这时有一只兔子思考："努力是没有用的，任凭我再怎么努力也吃不饱，或许我应该改变观念不要吃草，改吃兔子。"

于是它便从有 9999 个竞争者，变成有 9999 个可以猎食的对象。由于每天吃一只兔子，营养充足，体形便越来越大，慢慢地它从兔子变成了豺狼。少数几只兔子的观念跟着它一起改变，也变成了豺狼，从此世界便演化为自然生态平衡法则：

1. 兔子被狼吃了变少，草原复苏茂盛。
2. 草原茂盛，兔子繁殖越来越多。
3. 兔子变多了，狼便繁殖得更多。
4. 兔子被狼吃了变少，狼吃不饱也变少。
5. 兔子和狼都变少，草原复苏茂盛了。

兔子吃草，狼吃兔子。

狼是无恶不作的大坏蛋吗？

不！狼淘汰不够水平的兔子，确保兔子不会繁殖过多吃光草原，

① 世界上草原多了，
吃草的兔子也跟着多了。

② 兔子多了，吃兔子的狼也就多了

③ 兔子太多了，草也就少了……

④ 吃不到草的兔子
又渐渐被狼吃掉
也就更少了。

⑤ 没兔子吃，狼也就少了。

⑥ 兔子少了，草也就
有了生机，慢慢又茂盛
了……

乃至大家都饿死，狼扮演着生态平衡不可或缺的角色。在人的社会里，情况也是如此：

> 观念决定命运，
>
> 兔子吃草，狼吃兔子。
>
> 谁是狼？谁是兔子？由自己决定。

面对现实情况的改变，只会一味自我要求加倍努力是没有用的，唯有通过思考，改变观念，才能从竞争激烈的“红海”，转为吃香喝辣的“蓝海”。

父母师长常常对我们说：“努力，努力，努力就会有成就。”

其实这只是一句善意的谎言，如果一味努力便会有成就，那么大多数人岂不是都抵达巅峰了？

努力只比不努力好一点而已，任何人无论做什么，一开始没有不努力的！为何后来不继续努力了呢？因为只凭努力没有得到预期收获。

人生就像走阶梯，每阶有每阶的难点，学英文、日文、数学、物理各有不同难点，追女朋友与创业的难点也不一样。没有克服难点，再怎么努力也只是在原地跳而已，没有进展。

《犹太法典》说：“赚钱靠智慧，不是靠文凭。”

努力不等于效率，努力之前要先思考，要有方法，才能达成目的。

思考为一切之先

有个人到宠物店买鸟，他选了一只色彩美丽又会唱歌的天堂鸟，老板要价 5000 元，客人觉得贵了些，另选一只颜色差一点的鹦鹉。

老板说：“这只要 10000 元。”

客人问：“这只不如刚才那只，为何更贵？”

老板说：“这只会讲 5 种语言。”

客人又选了一只最不起眼的灰色鸟。

老板说：“这只要 50000 元。”

客人说：“难道这只会讲 20 国语言？”

老板说：“这只不但不会唱歌，也不会说任何语言。”

客人说：“既然如此，为何这么贵？”

老板说：“因为它会思考。”

思考先于行动，就像手脚身体是听命大脑的指挥而行。但该在什么时候思考呢？思考先于一切之前！就像泰格·伍兹在两岁前、比尔·盖茨在刚上哈佛大一时的思考。

豺狼是会思考的兔子蜕变的！

比尔·盖茨是会思考的哈佛大一学生蜕变的，因为比尔·盖茨知道：“及早创办微软比哈佛毕业证书重要。”

乔布斯是高考通过，没到大学注册的大一学生所蜕变的，因为乔布斯知道：“及早创办苹果公司比大学文凭重要。”

可能大家会误以为改变观念很简单，其实像狗吃大便一样难。像让一个觉得“臭豆腐很臭，皮蛋很可怕”的老外吃臭豆腐、皮蛋一样难。

1980 年我第一次到香港，花了 50 元港币在湾仔路边水果摊买了一颗泰国榴梿，打开后发现色香味都像大便，吓得我赶紧把它拿到外面丢进垃圾桶。

两年后我到马来西亚，鼓起勇气再试一次，觉得榴梿非常美味，从此爱上了吃榴梿。

榴梿还是榴梿，
是大便？还是天下第一美味？
差别只在于观念的改变。

每个人的一生更应该思考：我来这辈子到底是为了什么？

想清楚之后便知道自己真正要的是什么，知道自己该怎么活。

有个人问禅师：“人应该如何过自己的一生？”

禅师说：“人有两种。有一种人不知道如何过自己的一生。”

那个人又问：“另一种人正确地踩在自己的人生之道上吗？”

禅师说：“不！另一种人误以为人有很多辈子，可以一再犯错，下辈子再重新来过。”

我们只有一辈子，
我们只能活一次，

生命无法重新来过。

生命不是只用来换取权势、名位。

人有三个阶段，起初他崇拜一切：
男人、女人、小孩、金钱、土地……
后来，他思考自己到此一生的意义。
最后他找到人生的目的，活出自己！
他已经从第一阶段进入最后阶段。

命运不写在脸上，
命运不写在掌上，
命运不写在痣上，
命运不写在星相上，
命运写在每个人的心上！
每个人掌握自己的命运，
每个人走出自己的人生之道。

希望各位读者看完本书能因此改变观念，无论做什么，想达成什么目的，不能只是一味努力，而是要先思考如何才能美梦成真，这也是我们出版本自传的目的。

第一章 | 茄冬下的男孩

每个小孩都是天才，

只是妈妈不知道。

曾听过一个说法：“如果全世界只剩下一个人，那个人一定是中国人。”

我说：“那个人，是中国人中的台湾人。”

台湾人有种与众不同的性格，大环境改变，状况不好时，台湾人不会是留在热锅里的青蛙，被慢慢加温的热水煮熟了也不会逃走；台湾人也不会留下来对抗大环境，而是会迁徙寻找美丽家园重新开始。

例如，我们这支蔡姓家族从3000年前周武王时至今，由上蔡、新蔡、河洛、泉州、同安、彰化、台北、温哥华迁徙到杭州。

台湾人又被称为河洛人，据说六朝之前定居于黄河、洛水之间，每逢战乱便往南迁徙，一千多年来从河洛、泉州，一路迁到台湾。台湾人保留了远古的中华文化，取的地名都很优美。我出生于秀水、芬园之间的花坛，花坛有一棵很高很大的茄冬树，所以花坛又被称为茄冬下，我就是茄冬下的男孩。

小时候，我很爱看电影，也很爱看书，常想象自己是故事中的主角人物，想象是王度庐“鹤铁五部曲”中玉娇龙于风雪中骑白马，把她刚生下的小男婴放在我们家门口。

我总认为自己很特别，不应该有这么平凡的身世。

“妈妈，我真的是你亲生的吗？”

“傻孩子，你当然是我亲生的。”

从小我就爱问母亲，我是不是她亲生的，总祈求答案是否定的，期盼着自己的身世有那么一点点特别。

1948 年 2 月 2 日，当日风和日丽，天空毫无异象，我很平凡地诞生于台湾中部一个靠山的小村庄。

不平凡的奇迹是三家春这个平凡小村，在我诞生那年盖了一座改变我一生的小教堂。

我和我的奖杯

长山过台湾

1661 年，长山祖公蔡乞诞生于福建同安。17 岁时搭船从长山过台湾，在鹿港上岸后，便直接落户于靠山的小村庄。

1683 年 10 月，同安总兵、福建水师提督施琅打败郑成功的后代郑克塽。施琅平定台湾后，引发海峡对岸泉州、漳州的移民潮。

听老一辈的人说：“当初只有长山公没有长山妈，渡海来台的只有男人没有女人。”

据说第一代移民大都娶平埔女性为妻，我长得大眼高鼻厚唇，算来应有 1/64 ～ 1/32 台湾高山族血统。

由族谱发现：1 蔡乞→ 2 蔡情→ 3 蔡提→ 4 蔡石→ 5 蔡城→ 6 蔡长→ 7 蔡志忠。我是长山祖公到台湾的第 7 代，蔡氏家族排行第 17 的男丁，我也是蔡家 7 男，台湾“第 23 届十大杰出青年”排名第 7 位，还是台湾第 17 位桥牌终生大师。7、17、23 都是质数，除了本身之外，没有任何数除得尽。我喜欢质数，生命中有这么多质数，连我自己都觉得很神奇。

原本我有高嵩、安东、高岩、高崇、五郎、高雄六位哥哥，和琇瑢、丽芬、丽华三位姐姐。我出生三年后母亲又生了妹妹蔡水仙。

我们家原本有 11 个小孩，由于第二次世界大战时期台湾缺乏医药，加上当时流行霍乱和疟疾，小孩只要感染霍乱或疟疾便注定夭折。我出生前，我们家已经死了安东、高岩、高崇、五郎四个男孩和琇瑢、丽华两个女孩。

我的生日很神奇，与刚死去不久的姐姐蔡丽华的生日竟然是同一天。蔡丽华生于 1946 年 2 月 2 日，几个月后夭折。两年后的同一天我出生，而且我生得有点中性，大概是附带替蔡丽华在世上活一次的使命。

我一生专注的领域有漫画、动画、桥牌、鎏金铜佛收藏、佛学、禅学、物理、数学、道家思想、中国智慧起源等 10 项，简直把自己活成了五六辈子，似乎是替没机会长大的兄姐们活出他们的一生吧。

小时候常听父亲说我母亲极力避免到山丘墓园，每逢清明扫墓时，母亲都会在墓园哭一整个下午不肯回来。因为六个经由她十月怀胎，亲自喂奶养大的亲生骨肉，一个个去怀念哭诉，得花很长时间。

出生前死了六位兄姐也有个好处，就是父母因此不再存有望子成龙、望女成凤的想法。只要孩子能平安长大，让他们有机会走出自己，便是父母最大的心愿。

然而我能选择走自己的路，15 岁便离乡到台北当漫画家，信仰天主教才是主要的原因。

乡下突兀的小教堂

17 世纪初，西班牙和葡萄牙船队经过台湾这座美丽的小岛，当时便有西班牙的神父到台湾传教，但无功而返。

1859 年西班牙道明会神父由菲律宾马尼拉经厦门到高雄来传天主教。由于台湾老百姓崇拜民间信仰，人人都信仰妈祖、土地公、城

幼年时的全家合照，第二排右一是我

隍爷、三太子，因此西班牙、葡萄牙的神父们在台湾传教并不顺利。

第二次世界大战结束后，到台湾传教的神父由来自荷兰、葡萄牙、西班牙变成来自美国。借着大量美援物资的优势——教堂每个月发放牛油、奶粉、玉米粉等美援物资，美国神父在台湾传教获得很大的进展。

在彰化市都还没有教堂时，我家旁边却有了一座新盖的小教堂，突兀地矗立于纯朴乡下，这间小教堂也是改变我一生最重要的因素。

故事起源于一位一心想改行当天主教职业传教士的老裁缝叶举。家住田中的叶举是天主教老教友，他想改行当传教士。

员林教堂柯神父允诺他："如果你能招募 10 户人家改信天主教，就让你当职业传教士。"

叶举由于脸皮薄，不好意思在家乡传教，我父亲是花坛乡民代表会秘书，跟叶举是好朋友，因此他选择到我们村子——三家春——传教。

或许很多人不知道三家春究竟在哪里。"台湾民俗村"就是建立于三家春山坡地，这里原本是我们邻居的山林地，刚成立"台湾民俗村"时是游客第二多的旅游景区，后来经营不善，据说现在已经卖给妙天禅师当了道场。

在村民都是神道信仰时代，外来的天主教很不容易推行。物资缺乏的穷困农村，确实有几户穷人家为了每个月发放的面粉而改信天主教。

叶举白天在村子里艰难地传教，晚上常到我们家喝茶聊天，跟父亲述说在村子里传教的种种困难："陈家已经受洗改信天主教，张家正在考虑中，还没决定。"

叶举好不容易说动9户人家改信天主教，父亲为了帮助朋友，义气相挺，我们家便成为第10户。

我出生那年，一栋种满仙丹花、铁树、圣诞红和各种奇花异卉的外国庭院的小教堂，就在村子彰化客运车站前盖好了，叶举成为小教堂的传教士。

父亲是个无神论者，不信鬼神，他从不念《圣经》，不进教堂，答应信教只是义气相挺。母亲则是把天主当成一般的观音、妈祖神祇崇拜，她认为信什么都一样。念经越多，望弥撒、领圣体越多，祈祷越久，天主保佑就越多。我们家信仰天主教，获益最大的人就是我！

我一出生就受洗，我一岁时二哥六岁，他每天早上抱着我到道理厅和一二十个教友小孩一起上课。一岁小孩虽然还不会说话，但天天听，听久了还是能慢慢明白。

我依稀记得最期待课间休息10分钟时，叶举分发给每位小朋友一颗米酒浸泡的超大红肉李子，甜甜的，带着酒味，很好吃，很特别！从小吃米酒红肉李，很可能是此后我千杯不醉的主要原因。

叶老传教士每天教我们读《圣经》、唱圣歌、背诵经文，从"创世记"讲到"耶稣受难被钉十字架到复活"为止。

三岁半的我，已经会背诵《天主经》《圣母经》《玫瑰经》等多首经文，也学会忏悔祈祷、进教堂望弥撒、办告解、唱圣歌、领圣体等标准天主教信徒应该会的一切基本要求。

诚实的由来

平日在村子小教堂上课，星期天则要乘车到员林教堂上道理班，接着办告解、望弥撒、领圣体，然后再乘车回家。

美国籍的柯神父会发给每位小朋友车资，三家春到员林来回车资两块钱（注：文中所提钱处，如无特殊说明，都指台币），去程妈妈给了一块钱，领了神父两块钱，回家后，妈妈不再要回她给的去程车资，所以我每星期会有一块零用钱，成为村庄孩童群中的“首富”。

柯神父很爱看好莱坞电影，往往星期天下午两点，道理班开始上课时，柯神父突然宣布带大家去看电影，看完再回教堂参与四点半他主持的望弥撒。

于是一个高大的银发外国神父领着一群小朋友浩浩荡荡往电影院前进，像极了一个牧羊人带着一群小绵羊走在员林街头。

柯神父选的片子都是他自己爱看的外国片，后来我也因此很爱看外国电影。

教堂仪式:祷告忏悔、办告解、望弥撒、念经、唱圣歌、领圣体。整个环节中“办告解”最让我困扰。

告解就是向天主坦承自己所犯的罪。

教友进入告解小密室，悄悄地跟神父诉说自己犯了什么过错，神父以天主代言人身份处罚你念几遍经文，并赦免你的罪。

念完被处罚的经文，此后便是无罪圣洁之身，可以领圣体。

我最大的困扰是：自己完全没有犯错，又怕神父不相信。

每次办告解，我都跟神父说："神父，我已经一个星期没办告解了，这星期唯一犯的错就是想骗人。"

其实所谓想骗人，是现在进行时，自己明明没犯错，正在骗神父说自己想骗人。

有一次，办完告解，念完被处罚的经文，望弥撒时我昏昏欲睡，道理班老师突然问我："蔡志忠，你打瞌睡了吗？"

我随口反应："没……没有啊！"

哇！我说谎了，完了完了，犯罪之身不能领圣体，怎么办？

圣体代表耶稣基督的肉，弥撒就是重复耶稣基督的最后晚餐，神父双手高举圆圆的圣饼，高声说："这是我的肉，请大家拿去吃。"

道理班老师说："小朋友，排队领圣体。"

我坐着不动，老师说："蔡志忠，赶快出来领圣体啊！"

我猛摇头，双手紧紧握住长椅，坐着不动，更不敢去领圣体。

这是我三岁半时，人生第一次说谎。

上小学三年级，我第二次犯罪。

那年夏天，我一个人搭火车到高雄大哥家过暑假。大哥住处楼下，盐埕区路边的走道骑楼柱子间有漫画租书摊，看一本漫画两毛钱。租漫画书可以先翻阅一下再决定要不要租这本，我翻得很快，两三下便把整本看完，然后赶紧租另外一本。

我无法想象，如果我不爱思考，那么现在的我会是怎样

从高雄回来之后，这件事让我耿耿于怀好多年，因为我确实看完了整本漫画，却没付人家两毛钱，这是我人生第二次犯罪——欠债不还。

信仰天主教，养成了我诚实不说谎的习惯，当然，像“你看起来很年轻，你很漂亮”这种善意的谎言不算。

后来我常说：“世界上没有任何人、任何事伟大到需要我说谎。”

当我还是蛋的时候，便开始思考了！

成为正式教友，必须读完整部《圣经》，学会背诵经文、办告解、望弥撒、唱圣歌、领圣体等一切上教堂的仪轨。然后通过主教当面口试的坚贞礼，主教会发一串十字架念珠当信物，才算真正的天主教徒。

我三岁半通过主教口试坚贞礼，正式成为教友。当时我大脑里有100到1000个《圣经》故事，有50到100位厉害的人物。每位《圣经》人物都有自己的一套绝技，例如：诺亚会制造超大方舟；摩西能将拐杖变成大蛇，能分开红海，带领犹太人从埃及回到以色列；耶稣有超能力，能以2条鱼、5张饼喂饱3000个信徒，也能施展超能力，让瞎子重见光明，令瘸子走路……

而我自己什么都不会，也不知道将来我可以做什么，村子里同龄小孩则各个都很笃定地知道自己将来要做什么！铁匠的儿子帮忙拉火炉风箱，拉牛车的儿子帮忙放牛吃草，农夫的儿子早在田里帮忙，三岁半的小姐姐已经背着一岁半的小妹妹了。

全村小孩似乎只有我不知道将来可以做什么。由于我身材十分瘦小，妈妈经常半开玩笑地说：“你这么瘦弱，肩不能挑手不能提，我看将来你只能背个竹篮子到马路上捡牛粪。”

我总是回答：“我不要捡牛粪，我一定会找到自己的职业。”

当时乡下的确有断手瘸腿等残障者以在路上捡牛粪为业，我当然不肯去捡牛粪，但也真不知道自己将来能学会什么谋生技能。

所以我从三岁半开始思考，
躲在父亲的大桌子下思考，
藏在九重葛绿篱笆里面思考，
埋进棉被窝里思考，
白天思考，晚上思考，摸索。
想知道自己将来可以做什么、
会什么、能成为什么。

我小时候常常躲在父亲的桌子下思考

四岁半时，父亲为了教我写字，送了我一块小黑板，从这块小黑板开始，我终于找到了自己的人生之路。

我发现自己有画画天赋，我很会画，很爱画，也画得很好！

于是便立下志向："只要不饿死，我要一生一世永远画下去，一直画到老、画到死为止。"

可惜当时并没有画画这行业，比较接近的工作是画招牌，后来又发现画电影招牌更接近我的梦想。于是我四岁半的梦想就是："长大后，我要画电影广告招牌！"

明朝无异元来禅师说："每个人出生之后，要疑生从何来，死往何去。"

套用西方的讲法，就是每个人在人生一开始，便要自问：

我是谁？

我从哪里来？

我要去哪里？

我们打开门走出去，是因为我们知道自己要去哪里。我们开车上高速公路，是因为我们知道自己的目的地。

然而人生这么长的旅程，竟然大多数人不知道自己要去哪里，不知道自己的目的地，岂不是很荒谬？

及早选择人生的那把刷子

> 无论我们学习多少科目，
> 最后也只是拿一把刷子混饭吃。

科学家证实，成就与选择目标的年龄成反比。越早选择人生目标成就便越高。

莫扎特 5 岁时，已经是欧洲杰出的音乐演奏者；9 岁时，便创作出很多知名交响乐。

牛顿 23 岁时，发现万有引力、光学理论，并发明了微积分。

高斯 9 岁时，发明了等差数列求和公式，与阿基米德、牛顿一起被称为“世界三大数学家”。

爱因斯坦 26 岁时，发表了光电效应、布朗运动、狭义相对论、质能等价 5 篇惊动物理界的理论。

海森堡 23 岁时，发表量子力学理论。

史蒂芬·斯皮尔伯格小时候便对电影有兴趣，12 岁生日那天，父亲送给他一架袖珍摄影机，这使他对拍电影更为着迷。他 24 岁便完成电影《飞轮喋血》（1971），28 岁导演《大白鲨》（1975），后来又执导了一系列高票房电影《第三类接触》（1977）、《侏罗纪公园》（1993）、《慕尼黑》（2005）、《林肯》（2012）等，成为 21 世纪最具影响力的导演之一。

辛吉斯 16 岁时便拿下 1997 年澳大利亚网球公开赛女子单打冠军，

成为世界球后。

桑普拉斯 19 岁时，拿下 1990 年美国网球公开赛男子单打冠军，成为世界球王。

迈克尔·乔丹 3 岁半时，便开始在后院打篮球，后来成为最伟大的球员。

泰格·伍兹 10 个月大时，身为高尔夫球教练的父亲便锯短一根推杆让他玩。2 岁时，伍兹上美国最火的苏丽文剧场电视现场节目，表演 10 英尺推杆，一杆进洞。长大后，他成为世界上最伟大的高尔夫球球王。

乔布斯 13 岁时，跟邻居到全录公司参观，从此立志从事这一新兴行业。

比尔·盖茨高中时，决定投身计算机科技行业。

历来成大功立大业者，
都在早年就立下远大志向。

两千多年前，刘邦见秦始皇浩浩荡荡巡游，慨然立下“大丈夫当如是”的壮志，后来统一中国成为汉高祖。

同一个场面西楚霸王项羽看了，更是豪气干云，快意地说：“彼可取而代之！”

当年项羽才 23 岁，带领八千子弟兵起义，后来果然大破秦军。

刘秀志气稍逊一点，他说：“仕宦当作执金吾，娶妻当得阴丽华。”后来他也当上了皇帝。

以上这些伟大的成功者，都是很早便选好舞台，及早练好自己人生的那把刷子，展开一生的志业。我们成为什么是因为我们有梦想。人由于完成梦想而成就自己。

记得有一年暑假，大哥带着家人返乡探亲，父亲问我以及大哥的两个儿子永宽、永丰：“你们长大要当什么？”

永宽说：“我长大要当大总统。”

永丰说：“我长大要当警察。”

我说：“长大后，我要画电影招牌。”

我不知道父亲当时对这么小的志向是否感到很失望，但长大后，三个人的志向只有我真正落实，只是稍微提高一点点标准：当个漫画家。

画电影广告招牌是当时一个爱画如命的人在小镇能找到的最理想的工作，我的志愿非常务实，没有好高骛远。

大哥两个儿子所说的志向，当然只是童言童语听听就好，当大总统的确很伟大，当警察确实很神气，但画电影招牌才是实际的人生梦想。

台湾有一句俚语：“一株草，一点露。”

清晨薄雾散了，地面上无论大草小草，每株草尖端都着一滴露珠。

这句俚语的意思是：天地是公平的，任何人只要努力守本分，都有一口饭吃。

英国生物学家克里克从小立志成为生物学家，他很着急，每天缠着妈妈说：“怎么办？为何还不快长大？等到我长大后，生物都被别人发现光了怎么办？”

妈妈总是安慰他：“你放心啦！上帝一定会为你留下一个秘密，等你长大之后来发现。”

克里克长大后，果然和美国生物学家沃森共同发现了20世纪最重要的物理发现：DNA双螺旋结构。1953年4月25日沃森和克里克在《自然》杂志上提出双螺旋结构，即解开生命密码的金钥匙。

每个人应当了解自己，及早打造梦想，选择自己的人生之路。龙生龙，凤生凤，指的是人的身躯、体型、长相、外貌。白人父母生下白人小孩，黑人父母生下黑人小孩，亚洲父母生下亚洲小孩。

如同我们买一部SONY计算机，便有SONY计算机的硬件；买苹果计算机，便有苹果计算机的外形。但相同品牌的计算机买回去之后，用户装上自己的软件立刻变得完全不一样。有的人用来制图、绘制动画、处理账册，有的人用来上网、聊天、打游戏。

美国哲学家弗洛姆说：“每个人都生自父母，但每个人都要使自己重生。”我们的父母生下肉身这个硬件，但心智里面的软件则要我们自己灌进去。天才不在基因里……它来自从小接受外来的长期刺激！越早启发与刺激，就越有成效。

三岁决定一生

天才不是天生的，而是后天养成的。美国物理学家理查德·费曼两三岁时，父亲经常带他到森林散步，沿路教导费曼每一朵云、每一

我立志早，并坚持不懈，这一路走来，虽然也磕磕绊绊，但总归算是稳步前行

棵树、每一棵草和花、每一只小鸟的名字，引发费曼对大自然的好奇心和独立思考能力。

父亲也教费曼数火柴盒，当数量多到几百个之后，他告诉费曼："每四个蓝火柴盒后面放一个红火柴盒，只要数红火柴盒，再乘以五，就是总数。"

由此，小小年纪的费曼便发现了数学之美，于是对物理、数学充满兴趣，长大后他被认为是继爱因斯坦之后最睿智的理论物理学家，也是第一位提出纳米概念的人，后来成为 1965 年诺贝尔物理学奖得主。

1818 年，德国牧师卡尔威特说："让孩子听故事可以锻炼小孩的记忆力、启发想象、增长知识。传授知识，用讲故事的形式更容易记住。教育孩子运用讲故事的方法是最有效的。"

在三岁半之前，在小孩的大脑里灌进 1000 个故事，必能提升他们的想象力和对世界的认知。

> 每个孩子都是天才，只是妈妈不知道！
>
> 每个人都能厉害一百倍，只是自己不相信！

天才是从小培养出来的，而不是与生俱来的。顾名思义，天才总是起步很早，在还没出生之前就展开他的天才之旅。每个小孩都具备成为天才的条件，只要及早将他的才华开发出来。

我大哥从小是个听话又认真念书的乖宝宝，高中毕业后一生都在高雄电信局上班；二哥从小爱玩，长大后在斗南菜市场卖鸭肉；大姐18岁时便嫁作商人妇；妹妹是一般良家妇女。而我的智商184.8，现在应该超过200，是全家最聪明的小孩。

五位兄弟姐妹每个人智商都不一样，为何相同父母所生的小孩，智商会相差这么大？我常常思考这个问题，细想我的一生或许能明白其中的关键，并证明智商不是来自父母，而是三岁半之前就听了1000个故事，引发自发性思考才变得聪明。

智商不是天生的，智商是生下来以后再灌进大脑的。而负责为子女重新灌进软件，最关键的人物是父母亲！

启发你自己的子女，
让他们的心充满想象力。
鼓励他们努力做自己，
帮助他们完成心中的梦想。

第二章 我的家在山的那一边

人没有梦想，

就像蝴蝶没有翅膀。

我的父亲

父亲小时候，曾经跟他的大哥到雾峰林家大宅院当童工，后来学记账，12 岁返乡后才上小学。因他已经认识汉字也学过书法，所以六年小学课程三级跳，只花三年便毕业了。由于在豪门待过，学过如何做生意，婚后便自己创业，经营碾米厂和树薯加工厂。

第二次世界大战后期日本溃败，工厂的所有机器被征收去造枪炮，碾米厂与树薯加工厂被迫关闭。后来，由于他是乡下知识分子，曾当过三春小学第一届家长会会长、村干事、乡民代表会秘书。每天早上他骑自行车到花坛乡公所上班，下午则扮演农夫耕种自家九分水田地和一甲山林地。

父亲是花坛乡书法第一人，花坛乡公所、花坛乡农会、三春小学等公立机构的大门招牌都是他写的字，然后再请人雕刻制作的。村子里的婚丧喜庆和过年春联，如果有谁敢不请他写，都会令他很不高兴。

每年春节前一个月，村民便陆陆续续拿红纸、墨水、毛笔来请他写春联，有钱人带一点礼物，还带很多红纸，穷人家只象征性带来几张红纸。父亲完全不介意，他只是爱写字和希望获得全村村民对他书法的肯定而已，如果有人胆敢请别人写春联，他会很介意，认为对方不尊敬自己。

除夕下午，他一定会把全村的春联写完，好让人家能及时贴好。吃完团圆饭，他便开始书写家训或有意思的箴言，有的送人，有些自己裱好挂在书房或大厅两侧。他书写的文章有些非常像庄子的无为精神，例如：

> 有本事，生了事；无本事，省了事。
> 生出事来便是无本事，
> 省了事则是有本事。

跟庄子“巧者劳而智者忧，无能者无所求。饱食而遨游，泛若不系之舟”的道家无为精神很像。

他从除夕开始写到元宵节之后，才收拾笔墨，结束一个半月的书法工作。我长大后也从除夕夜展开一年的新工作。

古语说：“一年之计始于春！”

15 岁到台北工作后，每年春节回家过年，初二依台湾礼节，我这个小舅子要到姐夫家邀请姐姐回娘家。初三无事，便跟父母宣称要回公司加班画漫画，事实上是急着回台北看新春档好莱坞电影。

每逢春节，我常放逸到元宵节都还没收心，后来学习父亲一年之计始于除夕的精神，除夕夜当晚，我开始通宵画画，这也变成我每年过除夕夜的习惯。

听我妈妈说：“你父亲年轻时为了练习书法，每天中午顶着大太阳，以砖为纸，以水当墨，拿着毛笔在红砖上练字。”

被太阳晒烫的砖块一写就干了，一砖两面可以写很多遍。一块砖写湿了再拿第二块写，这样几年下来他便成为花坛乡书法第一高手，像极了武侠小说中大侠练成天下无敌盖世武功的情节。

我家正厅正中间挂着一幅天主端坐云端，右手执十字架，左手拿着地球的画。天主画像的正上方挂着一张“万有天主”书法，是父亲骑自行车专程到鹿港，向彰化县书法第一高手施崇堂求来的墨宝。

父亲对我最大的影响就是：热爱自己的工作，要做就要当第一！

我的求胜意志不是天生的，而是从小看父亲全力以赴地专注用心书写书法所得到的启示吧。

父亲与他的书法作品

零用钱的总量调控

我父亲既抽烟又喝酒，乡下人都很穷很节俭，父亲也很节俭，一根烟分两次抽，一次抽半根。喝最便宜的台湾米酒，每天午餐、晚餐各喝一大碗。一瓶米酒三大碗，一个月 20 瓶米酒。每个月我替他买 20 次米酒，一瓶米酒一块两毛钱，也是我零用钱的重要来源。

蔡氏家族是三家春望族，村长、村干事，碾米厂、小商店老板大都姓蔡。开杂货店的是我四伯，父亲要我到四伯杂货店买米酒，有时给现金有时赊账，等月底领薪水再结算。如果我口袋空空，每个月总会有几次把父亲给的现金改为赊账，两个一毛钱硬币得分放左右口袋，以免硬币相互碰撞发出“当！当！”声被他发现。

因此我的零用钱便突然有一块两毛钱，而非一般小孩口袋里的一毛两毛。但这种事经常为之很容易被发现，因此我自己也要做现金改为赊账的次数总量调控。

这种行为是当小偷偷钱?

我自己可没这么想，也没有罪恶感，对我而言这只是替父亲买米酒自己主动发放的走路工资。

从这件事看来，我从小就不是一个依世间规矩行事的乖宝宝。

我父亲自己也不是个听话的乖宝宝。当初在行政单位上班当公务员，必须加入国民党，父亲是第一批台湾籍国民党员。可是他并不盲目听从国民党的政令倡导。

小时候常常听父亲对别人说：“报纸乱写，历史乱写，教科书乱写。”

我不知道是否是父亲乱讲，胡乱批评，毕竟我也真不知道报纸、历史、教科书是否乱写。

但从此我看到任何白纸黑字的事物，我不会立刻认为是真理，只会说：“我曾经在报纸、历史、课本上看过有这么个说法。”

一切事实必定等到自己亲自证实才信以为真，这是我从小便养成的独立思考、独立判断的好习惯，是我后来闭关10年研究物理的准则，也是佛陀追寻真理的观念。2500年前，佛陀对葛拉玛人说：

> 葛拉玛人啊！
>
> 不要因为口耳相传，就信以为真。
>
> 不要因为合乎传统，就信以为真。
>
> 不要因为轰动一时流行广远，就信以为真。
>
> 不要因为出自圣典，就信以为真。
>
> 不要因为合乎逻辑，就信以为真。
>
> 不要因为根据哲理，就信以为真。
>
> 不要因为符合常识推理，就信以为真。
>
> 不要因为合于自己的见解，就信以为真。
>
> 不要因为演说者的威信，就信以为真。
>
> 不要因为他是你的导师，就信以为真。

> 佛陀又说：
>
> 比丘们啊！你们听别人说法，要将所听到的像火试验金

一样地去亲自证实，听到而没经过自己亲自证实就相信的叫作迷信，经过自己证实之后才相信的叫作正信。

我的物理研究出版了四本书，其中《宇宙公式》这本书的扉页我写着：

谨以此书献给我的父亲：蔡长

小时候常常听父亲对别人说："报纸乱写，历史乱写，教科书乱写。"

我不知道是否是父亲乱讲，胡乱批评，但另一方面，我也真不知道报纸、历史、教科书是否真的乱写。

从此我看到任何白纸黑字的事物，我不会立刻认为是真理，只会说："我曾经在报纸、历史、课本上看过有这么个说法。"

一切事实必定等到自己亲自证实以后才信以为真，而这也是我从小便养成的独立思考、独立判断的好习惯。谢谢父亲！

父亲又抽烟又喝酒，活到86岁的最后死因，很意外不是肺癌，而是胃溃疡内出血。他活在艰苦的年代，没有更好的出路，无法以最喜欢的书法作为自己的职业。他一生安于贫穷，对人生的体悟有如他自己所写的一篇诗文：

天下有二难：登天难，求人更难。

有二苦：黄连苦，贫穷更苦。

人间有二薄：春冰薄，人情更薄。

有二险：江湖险，人心更险。

克其难，安其苦，耐其薄，测其险，可以处世矣。

我画漫画成名之后，每每有村人告诉父亲：“在电视上看到你儿子又获奖了。”

我知道他听了心里当然很高兴，不过我相信最让他替我高兴的是：我能以自己最喜欢最拿手的漫画作为一生的职业，这是他无法办到的终生最大遗憾，我代替他完成梦想，最令他感到欣慰。

我的母亲

我出生后的第一个记忆，是我对母子之间亲密关系的疑惑。当时我还不能站、不会走路，应该还不到一岁，只记得妈妈抱着我在路上遇到两位邻居，三个女人站在树下东家长西家短聊个没完没了。由于抱我太久有点累，母亲让我站在地上，双手抱着她的大腿。大热天，她的大腿很凉，摸起来感觉很舒服。

于是我的右手便顺着她的大腿往上伸去，母亲边聊天边用手把我的小手往下推。我还是不依，又用左手顺着她的大腿往上伸，母亲再一次用手把我的小手往下推回去。

哇！这是我出生以来首度被母亲拒绝，还连续两次，原本婴儿与母亲的关系是全世界最亲密的，不到一岁的小小心灵对这件事很不解，内心感到十分惶恐不安。这便是我对母亲的第一个记忆。

小时候，后院养了很多鸡鸭鹅和好几头猪，因此母亲必须清晨三点多便起床，背着我煮猪食调理鸡食。然后喂猪、喂鸡、喂鸭、喂鹅，清晨五点她还要赶着煮稀饭，好让一大早到田里巡视稻作、回家准备到乡公所上班的父亲吃早餐。因此从小我便一直保持每天凌晨三点以前起床，就是由于婴儿时期便跟着母亲早起，所培养出来的好习惯。

在《时间之歌》这本书的扉页，我写到：

谨以此书献给我的母亲：蔡余治

从我儿提之时，她就背着我于清晨三点多起床，煮猪食、喂鸡鸭，也因而养成我每天清晨三点起床的习惯，让我每天都有很长、很长的时间能优雅地思考有关时间的问题。

父亲很严肃，平常在家里难得讲一句话，整天绷着脸很凶的样子，所以我们家变得很安静，有事情才有人讲话，平时大家都维持不讲话，我也因此养成不太爱说话而爱思考的习惯。

我一生中，跟我父亲、大哥、大姐、妹妹所讲的话大约不到 50 句。记得我七八岁时曾跟二哥睡同一张床，整整两年时间，印象中我们好像不曾讲过话。

但我跟母亲则无话不说，放学回家第一件事就是急着找妈妈，跟她报告今天老师说了什么，学校发生了什么新鲜事。

如果课堂上老师说了一个《天方夜谭》的故事，我会把整个故事从头到尾跟母亲重述一遍，她边喂鸡鸭，边听我“回放”神灯的故事。有时我看她工作太认真不专心听，还会生气地责怪她没好好仔细听我说故事。

她会笑着说：“有啊！我很认真在听啊。”

我说：“那么你重述一遍刚刚我说了什么。”

她总是回答说：“好啦！别生气，你继续接着讲，我一定专心听。”

母亲没嫁给父亲之前，是家中的大姐，从小就要帮忙照顾妹妹和略有残障的弟弟。由于从小便主持家务，她很有自己的想法，不像一般乡下妇女遵循三从四德，百分之百听从丈夫的指示。

母亲很爱看歌仔戏（注：福建及台湾的汉族传统戏曲之一），每当两个月一次歌仔戏班巡回到花坛戏院演出时，她总无视父亲生气与否，非要去看一场不可。

两个月一次，歌仔戏的锣鼓声打破乡下平静。歌仔戏公演的广播宣传车到乡下扫街发广告传单时，孩子们总是追着宣传车抢歌仔戏广告戏单。我好不容易抢到一张戏单，便急忙跑回家告诉妈妈：“妈妈！这次是演许仙与白娘子，我们哪一天去看戏？”

迫不及待的母亲一定回答说：“明天下午我们去看第一场。”

第二天父亲吃过午饭后，她急忙洗完碗盘，还来不及把碗盘摆

我的母亲

入橱柜，便拉着我直奔花坛戏院。随着“陈三五娘”“陈世美与秦香莲”“孟丽君”的悲欢离合情节，她总是边看边哭，泪流满面，哭得像亲人过世。

散场后，我的主要任务是：先回家打探父亲是否已经从田里回到家里。如果父亲在家，我得偷偷打开厨房后门门闩，轻掩门板，然后再回去告诉躲在稻草堆后的母亲，她手捧着预藏在后院柴堆上方的喂鸡鸭空盆，从厨房后门进屋，假装自己在后院工作了一整个下午。

其实父亲心里明白得很，他早知道只要有歌仔戏班到花坛演出，母亲一定不计一切后果去看戏，宁愿忍受父亲臭着脸生气一整个星期，她也要飞到戏台前过过戏瘾。只要一听到歌仔戏的锣鼓声响起，母亲的心便无法平静安心地做家事，得先去看完一场歌仔戏，让平凡恬淡的乡下生活变得精彩绚丽。但她还是很克制自己，也像跟父亲约定的默契，每次歌仔戏班来花坛公演 10 天，她只去看一次下午场，我知道如果父亲不反对她看戏，她一定日场、夜场连看 10 天 20 场戏。

于是我们家每两个月都会上演一场情节一样的戏码：歌仔戏到乡下公演 10 天，母亲偷偷去看一场戏，父亲臭着脸一个星期。

我小时候很不能理解：“既然母亲那么爱看戏，为何父亲会那么反对？”

后来想清楚：“在贫困的农村里，父亲不能谅解自己辛苦地在田里工作时，而母亲不做家事，还花钱买票去看戏。”

长大后，我发现我的好胜心来自全乡书法第一的父亲，但我的成长与个性形成，大都来自母亲。永远不责骂自己的孩子，绝不跟自己的孩子说“不”！

沉迷于自己所喜欢的事物，横眉冷对千夫指，不理会世间的价值观和别人的看法，随着心中想法而行动，这些特立独行的个性是来自我的母亲。

15 岁时，我离家到台北工作，有时会突然想家。每当想家时大脑里的第一个画面绝对是母亲慈祥的笑容，突然我明白一个真理：

母亲就是孩子的家，

母亲在哪里，

家就在哪里。

母亲就是孩子的寂静彼岸！

在母亲的怀抱里，心无挂碍、没有恐怖、身心安顿、远离颠倒梦想，得究竟涅槃。

通常小孩都是由母亲带大的，因此小孩的个性也大多来自母亲，我本人就是一个例子。母亲跟我言谈时，总是以相互斗嘴调侃的方式说话。例如，我跟别的小孩到田里抓泥鳅，玩得双手很脏。

她会说：“哇！好厉害，能玩得这么脏。”

我说：“还好啦。”

她笑着说：“这么脏的手，除非用菜刀剁掉，否则怎能洗得干净？”

我说：“不必剁，我自己洗给你看。”

小时候，我喜欢端着一碗饭，边吃边到左邻右舍串门子，到处打听新闻。

她会说："好厉害，一顿饭竟然可以吃到天涯海角！今天有什么新闻？"

我说："左邻阿花下星期一从台北回来，右舍阿珠明天有人来相亲。"

听完，她说："你这么认真当新闻播报员，有没有人给你钱？"

我说："我当免费志工，不收钱。"

我聪明反应快，大概是因为妈妈以这种方式跟我对话，激发了我的临场反应和机智。

后来我自己有了女儿以后，我也学母亲跟我的对话方式跟女儿讲话，印证了我的观点。例如，我常笑着对女儿说："好丑！好丑！长得好丑。"

女儿回答说："不会丑！很漂亮啊，怎么会丑呢？"

但我还继续说："哪儿有漂亮？很丑啊！"

于是她便学会反击："没办法，因为爸爸长得实在太丑啦！"

渐渐地女儿也学会以调侃方式跟我对谈，她确实也变得反应快，比别的小孩聪明。

还没上学之前，我曾经拥有好几百条橡皮筋，有的是花一毛钱在杂货店抽到的，有的是和邻居小朋友赌扑克牌赢来的。橡皮筋有红黄绿三种颜色，我喜欢将每种颜色 5 条一束，然后红、黄、绿、红、黄、绿不同颜色像编麻花一样依次串联成一长串，多的时候可串成四五米长，这样可以用来玩跳绳或翻筋斗，也能用来训练算数与乘法。如果一共是 42 组红黄绿，那么便等于 630 条橡皮筋：$42 \times 3 \times 5=630$。

女儿蔡欣怡

母亲看我玩疯了，常常偷偷把橡皮筋藏起来，假装不关她的事。

我发觉橡皮筋不见了，问她："你把橡皮筋藏在哪里了？"

她总是回答说："我早就忘记了。"

我只好自己在家里翻找，通常很快就能找到。让我玩橡皮筋几天之后，她又会找个新位置藏起来，像是母子之间玩橡皮筋捉迷藏一样。

母亲养鸡养鸭，除了逢年过节宰来吃之外，也是她私房钱的重要来源。她知道，一个妈妈如果口袋里没有几两银子，是得不到孩子的尊敬的。因此她没钱时会卖掉几只鸡鸭，以备我跟她要钱买零食。

逢年过节，家里买鱼买肉是父亲的责任，平时买豆腐则是母亲私房钱的责任。早上九点，听到豆腐小贩的叫卖声，她会拿钱叫我跑出去买豆腐。

她在后院洗衣服时，我总是蹲在旁边听她讲故事：虎姑婆、白贼七、邱罔舍、桃太郎、周公斗法桃花女。我经常在听故事空当跑进厨房先吃一小部分豆腐，每每到中午煮饭前，豆腐早被我吃了三分之一。这样几年下来，我却从来没听她问过："豆腐是你吃的吗？"

从不说"不"的父母

乡下好像家家户户都跟我们家一样，每个小孩生下来就是家里的一分子，生而为主，每个人要为自己的行为负责，不需要大人管教。妈妈把饭菜煮好了，然后走到晒谷场大喊："回家吃饭喽！"

然后把餐桌上的饭菜用竹罩盖好，孩子什么时候想吃，打开竹罩自己吃，吃完自己洗碗就是啦。

我小时候贪玩，经过四伯的小商店时，四伯说：“你还不回家？肯定要被处罚，你妈妈半个钟头前就喊吃饭啦！”

我说：“哦，是吗？”

又玩到十字路口，大人说：“你完了，你妈一个钟头前就喊你回家吃饭啦！”

我说：“哦，是吗？”

又玩了半个钟头才回到家，打开餐桌罩吃饭就是啦，会被打才怪，我们家小孩从来不曾因为太晚回家吃饭遭受责骂。

我 15 岁离家到台北画漫画，从小到大一共在家中住了 15 年。

在我有记忆以来，这 15 年期间从来不需要用问句说：“妈妈！我可以吃人家送来的月饼吗？”

直接把月饼都吃光就是了。

也不需要用问句说：“爸爸！我可以坐车到彰化市看电影吗？”

只要去看电影之前告知一下便行。

就算 15 岁时，要离开家到台北当漫画家，从此不再回来了，也不是去征询爸爸同不同意，而是离家的前一个晚上，去告知他明天自己要离乡到台北发展而已。小时候我经常跟母亲去花坛戏院看歌仔戏，这大概也是我长大后很会编故事的缘起。

母亲宁可忍受父亲一星期的臭脸也要去看歌仔戏，我似乎也遗传了母亲的这个特质：“为达成自己喜欢的事，不计任何后果。”

子欲养而亲不待

父母 40 岁前，生活于台湾受日本殖民统治的时期，受日本文化影响，他们也会讲生活上的日语。虽然没去过日本，但对京都、神户、大阪、东京有所了解。

台湾开放观光时，我正好刚创办远东卡通、龙卡通动画公司，正在拍动画电影《七彩卡通老夫子》，工作很忙。后来母亲中风无法行动，卧病在床十几年。等到他们双双离开人世之后，我才想通一个事实：我自己虽然很忙，但应该主动给他们旅费，让他们自己到日本参观。等到时过境迁机会不再的现在，我才深深体悟到何谓“树欲静而风不止，子欲养而亲不待”。

知识的味道

1954 年 9 月，不知道是因为我比较早熟，还是我父亲是第一届三春小学家长会会长的关系，我 6 岁就上小学。第一堂课发新书，我拿到课本，闻到一股很浓烈的油墨味，当时直觉认为这味道就是“知识”！

女同学拿到新书回家后，喜欢用月历纸细心包好新课本。我总是迫不及待在当天就把所有课本先看一遍，先了解这个学期要学的到底有哪些知识。

一年级级任导师（老师的类型之一，指担任一个年级的所有科目的老师）名叫苏鸿犹。苏老师很会画画，教室讲台黑板上方与教室后

长大后的全家合影

方墙上贴着很大一张由三皇五帝、夏、商、西周、春秋、战国、秦、汉、三国，到两晋南北朝、隋、唐、五代、宋、元、明、清历代图表，是开学之前他用水彩画的大作。他以不同色彩区来划分年代，也在长卷中加画三国孔明、唐太宗、岳飞等历史人物场景。对学生上历史课时，理解朝代变化过程很有帮助。第一次看到苏老师画古代人物的技巧，让6岁的我佩服得不得了。课堂上，他并没有特别教我们要如何画画。

苏老师很会讲故事，常常不上课，讲故事给我们听。

每当苏老师说“从前，从前……”，所有的小朋友立刻停止讲话，端正坐好专心听故事。

我爱画画并不是受他影响，喜欢编故事、爱讲故事给妈妈听，倒是受苏老师的影响。

爱种花的小孩

朝会之前，每位同学都要分配清洁打扫任务，有的负责擦门窗玻璃、打扫教室，有的负责擦桌子，有的清扫教室外面两侧空地，而我被分配的任务最特别：负责教室门前三坪（即10平方米）左右的小花圃！

我每天上学浇花、除草、育苗、插枝、种花，到教务处领取各种花草种子、幼苗、根球来培育花苗。

我最喜欢自己插枝，将一棵花培育成几十棵。我种过孤挺花、大丽花、日日春、马樱丹、满天星、红苋、台湾百合等。从一年级到六年级，同学负责清洁扫地，我一直都负责花圃，大概是因为我一直都能把班上的小花园种得比隔壁班花圃漂亮优雅。小学的六年种花经验，也养成我长大后喜欢种植花草、喜欢自然的好习惯。

接触女生恐惧症

我画大醉侠、光头神探漫画很像吴宇森导演的风格，剧中几乎没有女主角。大概是小学一年级时，两次与女生互动的惨痛经历所留下的阴影吧。

小学一年级第一天上课，由于我个子小坐在第二排，后面第三排的小女生名叫李淑樱，是学校老师李再兴的女儿，她妈妈也是学校老师。我反身扒在她桌上跟她说话，她便用小指头掐我的脸。

放学回家，妈妈惨叫惊问："是谁把你的脸掐成了大花脸？"

我赶紧照镜子，哇！整张嫩脸被小指甲刺满了带有血丝的新月指甲印。

班上还有一位住在学校附近，长得比我高的李翠琴同学，不记得是她主动牵我的手，还是我牵她的手：反正是放学后我们两个人手牵手一起走路回家。经过她们村子杂货店时，她跑进去买糖果，买完走出商店后，我问她："你们这里一毛钱可以买几颗糖果？"

她回答说："一毛钱两颗。"

这时跟随在后面的男同学便跑到我前面，脸紧贴着我的脸，学我

我的小学生涯

的口气说:“你们这里一毛钱可以买几颗糖果?”

我与李翠琴羞得满面通红,赶紧松开对方的小手。

接下来几年,每每我走在学校操场或教室走廊时,经常会有男同学跑到我前面贴着我的脸说:“你们这里一毛钱可以买几颗糖果?”

我生气地追打他们时,他们则哈哈大笑着说:“蔡志忠,羞!羞!羞!男生爱女生。”然后故意跑给我追。

还没上学之前,我常跟邻家的大姐姐或小妹妹相互往来,不觉得男生跟女生说话有什么不对。到学校上学后,才知道当时的校风是男生不能跟女生说话。而老师们好像也同意这种风气,六年期间从来没有任何老师对这问题提出纠正。一年级与女生牵手事件产生的阴影,大概是我长大以后怯于跟女生交谈的主因。

从小养成的完美主义

我上小学二年级的时候,1955 年 12 月 19 日星期一,三春小学举行第 34 届校庆,学生停课一天,但学校又规定星期天全校学生必须到学校补课。星期天 12 月 25 日刚好是天主教最重要的节日——圣诞节,我必须到员林教堂参加圣诞节弥撒和道理班学生的表演活动,没有办法到学校补课。

第二天我一直要妈妈到学校向老师说:“星期天没有来补课,应该不能算请事假。”

母亲拗不过我的苦苦哀求,过了两天她真的站在教室门口,级任老师向前问她："有什么事？"

母亲说："我是蔡志忠的妈妈。圣诞节蔡志忠必须到员林教堂，没来补课不能算他请事假。"

周老师说："好！好！"

母亲回去之后，周老师也没对我说什么。过了两天，我又要求妈妈再到学校向周老师问个清楚。

母亲说："你的老师说'好啊'！他已经同意圣诞节那天你没来学校补课，不算是请事假的啊。"

我还是苦苦要求妈妈再去问个清楚。隔一天上课时，母亲真的又站在教室门口，周老师问她："又有什么事了？"

母亲说："蔡志忠圣诞节没来补课不能算他请事假的哦。星期天本来就不需要上课的啊！"

周老师说："我上次就答应你，说'好的'啊。"

母亲说："你要亲口跟蔡志忠讲，否则他还会一直要我来学校。"

妈妈回去之后，周老师真的亲口答应我，没来补课不算请事假，于是我才放下心来。

为什么有没有请事假对我这么重要？因为上小学的第一天我便下定决心，毕业时我要拿"六年全勤奖"。毕业典礼时我除了得到"校长奖"之外，果然还拿到只有少数同学得到的"六年全勤奖"。我在光启社上班五年也从来没请过假，只是光启社没颁发"五年全勤奖"而已。洁癖、完美、自我要求人生没污点，是我从小便养成的要命的完美主义！

每次考试前，我会郑重地沐浴更衣，然后全力以赴专心复习

我们家一共有五间屋子，由右边算起分别是：

1. 厨房和餐厅
2. 大哥的卧室
3. 正厅
4. 妈妈、姐姐、妹妹的卧室
5. 父亲的书房与卧室

由于大哥一直都在高雄电信局上班，他们全家只在过年与暑假时回到乡下住一个星期。当我二哥还在乡下念小学时，我与他曾一起睡在大哥的卧室两年。由于年龄与观念的差距，我们之间很少互动，同住的两年时间，我好像从来没有主动和我的二哥讲过话。

小学二年级时，二哥小学毕业后就直接到台北水电行当学徒，从此大哥的卧室就变成我的个人书房与卧室，一个人睡这房间直到 15 岁我离乡到台北当漫画家。

一个人住会养成什么事都自己做决定的习惯。我有一个特殊的习惯：每次学校月考期考之前，我会事先预定由哪一天开始准备功课认真念书，把每支铅笔削尖，并打扫房间。有时还会变动书房家具的位置，有的衣柜实在太重了，还得请妈妈帮忙。妈妈也没有问我："为何复习功课时要移动家具？"

当书房清洁完毕，很慎重地洗澡沐浴净身，然后全力以赴专心复习功课。直到现在我还保持着这个习惯，每每在画画之前，我会先削好所有的铅笔帮助自己静心，有如宫本武藏坐在船上冷静地削橹，朝向船岛海滩跟佐佐木小次郎决战一样，然后才正式上战场工作。

9 岁的人生觉悟

1957 年我 9 岁，读小学三年级。这一年发生了很多事，是我一生中最重要的年份。

9 岁时，村子里新开了一家杂货店，店内墙上挂了好几本漫画，小朋友只要付一毛钱便可以抽奖。这是我第一次看到台湾本地出版的漫画。隔几个星期我到员林教堂望弥撒时，才发现员林市区到处都有街头漫画出租摊。通常漫画出租摊都在骑楼的柱子上斜挂着简便书架，上面摆满了各种漫画杂志，看一本漫画要花两毛钱，旁边的小凳子上则坐满看漫画的小朋友。

台湾出现一股漫画旋风，《漫画大王》《漫画周刊》《学友》《模范少年》等漫画周刊大受欢迎。诸葛四郎、阿三哥、大婶婆、义侠黑头巾、吕四娘、孟丽君、小侠龙卷风等很多漫画主角成为孩子们心中的偶像，我当然也是漫画的超级粉丝。于是我改变原来画电影招牌的梦想，立志长大后一定要成为职业漫画家！当时所出版的漫画，叶宏甲的《诸葛四郎》、陈海虹的《小侠龙卷风》、陈定国的《吕四娘》、林大松的《义侠黑头巾》、刘兴钦的《阿三哥与大婶婆》等都是百分之百原创，没有日本少男少女漫画风，也没有模仿超人、蜘蛛侠的美国风格。如果当时不打压漫画，台湾地区原本有机会成为世界第二大漫画王国。

我爱画画应该是信仰天主教的缘故，我们上课的道理班课本像中国连环画，每页上方都有一张插图。除了耶稣基督和圣母马利亚画成西方造型，其他人物诺亚、摩西或圣约瑟全部画成中国式风格。教堂里也放很多本《米老鼠》《大力水手》大本彩色漫画。每年圣诞节神父都送我一大沓美国教友捐赠的圣诞卡片与贺年片，圣婴诞生、三王来朝、乘着四只鹿拉着车的圣诞老公公，画面也常装饰着点点金粉、银粉，非常精致美丽。

当时我立志当职业漫画家，常在课堂上画漫画，常把课本空白的地方画满了各种漫画人物，有时也在每一页的左右下角画简单的人物连续动作，高速翻阅时就变成动态卡通。有时上自习课，老师从后面走过来，自己常找不到没画漫画的空白页。

与别人不同的是：我打从一开始便知道漫画最重要的是故事内容！是故事的曲折剧情和情感感动人的！漫画的要领是：

> 故事！故事！故事！画画技巧只是呈现故事的工具，漫画是故事的手段，漫画只是故事的语言。充满情感的内容才是王道。漫画最重要的还是：吸引人的故事内容！

虽然我的小小脑袋瓜里已经有100到1000个《圣经》故事，但还需要自我训练出创作故事的本事。因此我看尽了所有自己能接触到的书，例如《农友》《拾穗》《皇冠》《创作》《小说创作》《侦探》《小说侦探》《今日世界》《新生儿童》等杂志和《三个火枪手》《铁面人》《基

老师从身后走来时，我常常都在认真地画画

督山伯爵》《大卫·科波菲尔》《鲁滨孙漂流记》《雾都孤儿》《汤姆·索亚历险记》等世界名著。

记得当时最爱看的除了《农友》月刊里杨英风的农家漫画，还有《侦探》《小说侦探》两本月刊。每当拿到书时，我会先看配有插图的那几篇小说，当时还差一点想将志向由当漫画家变为当侦探，因为我常常看侦探故事发展到一半时，便能猜出凶手和故事的后续发展与结局。但考虑到自己又瘦又小，拳头不够硬，不能跟坏人打架，没有能力制伏凶手，当侦探的梦就烟消云散了。我也自己编故事，也常将自己所编的故事讲给妈妈听。

求人不如求己

小学三年级全班同学要交三块半买汉语字典，在所有同学都收到一本字典的当天却发生了一件很奇怪的事：全班身材最高的顾聪德同学的字典竟然被偷了！每个学生都有一本字典，为何还要偷同学的字典？老师实在想不透原因。

记得老师很沉重地对全班同学说："各位同学，大家都把眼睛闭起来，偷字典的同学请自己举手，老师保证不处罚你，也不会宣布是谁偷了字典，我只是要知道偷字典的原因。"

几分钟后，老师说："好了！大家可以睁开眼睛，继续上课。"

同学互相看来看去，不知道是否有人承认偷了字典，是谁偷了字典。

下午老师宣布："字典被发现了。"

这本字典很神秘地被一页页撕碎，丢弃在校园墙外花圃里面。下课后，我与班长杨文钦被老师叫去教师办公室。

老师说："字典是林汉彬同学偷的，他自己承认，因为常常被顾聪德欺负，所以才偷他的字典撕碎以泄恨。明天下午你们代替老师到林汉彬家，去跟他爸爸说这件事。"

记得一个月前，班上陈义松同学上课不乖，陈义松住在我家隔壁，老师也要我星期六下午去告诉他父亲。我到他家没看见陈义松的父亲，就跟他母亲说："老师要我来告诉你，说你们家陈义松在学校很不乖。"

只见陈妈妈脸一横，突然大吼大叫着手执一根扁担追出来："我儿子乖不乖关你什么事？还要你来告诉我！"

吓得我落荒而逃，回家告诉妈妈。

母亲说："陈妈妈也真不明理，不过苏老师应该亲自到陈义松家去，不应该派你来干这个吃力不讨好的任务。"

陈妈妈爱面子，自己的孩子在学校不乖已经够丢脸，老师还让其他同学昭告天下，她才气炸了。如果苏老师亲自到她家悄悄跟她说，肯定没事。

不过这一次的任务更艰难，如果没跟着班长杨文钦，我一定不去执行老师的任务，星期一上课时再跟老师说已经告诉过林汉彬爸爸了。但杨文钦太老实，一定不敢配合我这么做，甚至会偷偷跟老师报告。

星期六下午，我们迈着沉重的步伐，在满山蝉声的午后，走到林汉彬家门口，只见他害怕得全身发抖，低头在晒谷场工作，不敢抬头看我。

跟林汉彬父亲说完，他父亲从厨房拿着一根扁担痛打自己的小孩：“可恶！到学校不学好，竟然偷别人东西。”

吓得我与杨文钦落荒而逃，只听远方林汉彬哀号求饶：“阿爸！我以后不敢了！以后再也不敢了！”

这件事让我沮丧了好久，也让我对老师的看法有了改变。林汉彬生性乖巧，也主动承认偷字典，苏老师说话不算数，还要去通知家长，如此一位失信的老师，怎能获得学生的信任与尊敬？

从此我体悟了一个人生真理：“老师并非万能，为人处世不是什么都懂；老师不是圣人，能力不见得样样好过学生。”

而事实上，当时我已经读完《圣经》的《旧约》《新约》，也想通了人生之路，立志要当职业漫画家。为了画漫画编故事，我所读过的书应该比老师还多了。

学习的关键是：

及早学会自我学习的能力，自发性学习，所得到的效果百倍于跟老师学。

从9岁起，我便开始自主学习，无论是学画漫画或是学习快速读书的方法。

与虫混战的日子

二哥蔡高雄小学毕业后，便到台北当学徒。那年冬天傍晚，母亲在厨房煮饭，我坐在炉灶前帮忙把柴火丢入灶中。13 岁的二哥忽然从台北回家，蹲在灶前不发一语。

母亲问："台北工作怎么样啊？生活习惯吗？"二哥默默不语，红了眼眶。

母亲接着问："中秋节前后，我托你堂哥拿棉被到台北给你，听说你拿到棉被便开始哭泣，到底怎么回事？"

二哥突然哭起来："原本我已经和老板讲好，要回家拿棉被，堂哥却送来了，我就不能回家了啊！"

二哥说完又开始哭了，原来二哥想家想得紧，一心想逃离台北，借故回家。

我的个性跟二哥很不同，换作我有机会到台北画画工作，一定乐不思蜀，不想回乡下。

三年级暑假，家中接到一封来自台北的电报："雄，车祸，父母速来。"

由于乡下没有电话，电报需要由彰化市电信局派专人递送到家，价格很贵，所以电报内容大都是状况很急的坏事，谁接到电报，看电报时都双手发抖，知道大事不妙。

爸妈急急忙忙坐火车去台北。原来二哥在台北水电行工作时，骑自行车送货，在赤峰街平交道的坡上，被一辆人力三轮板车撞个正着，内脏严重受伤，生命垂危，必须立刻动开腹手术。父亲留下母亲在台北医院看护二哥，自己赶回彰化向亲友借了 4 万元，又急忙赶去台北。

此后三个月，父母都在医院里全心照顾二哥，偶尔回彰化来，也只住一天就又急忙离去，生怕二哥病情随时发生变化。

第一次开刀，二哥病况仍不稳定，医生立刻开第二次刀，才又挽救回来，却依然在死亡边缘挣扎。

第三次开刀时，身体的状况已经无法打麻醉剂，只好无麻醉开刀，听说他有如来自地狱的惨叫声震动医院整栋五层大楼。

可怜的二哥，肚皮上留下了三条长疤，每一道疤痕长达20厘米，是二哥几次病危动手术所留下的痕迹。

由于所有的钱都挪到台北去抢救二哥了，没留下任何生活费给家中的姐弟三人，更别说零用钱了。漫漫三个月，我和大姐、妹妹三人相依为命，自己负责料理生活起居。唯一依靠的是：

一缸白米、几瓮豆腐乳和酱瓜。

我大嫂是秀水乡富豪长女，娘家是经营酱油工厂的大地主。除了本业制造酱油之外，也利用制造酱油的豆瓣生产豆腐乳和酱瓜。自从大哥结婚后，我们家中酱油、豆腐乳、酱瓜从不缺货。

姐弟三人苦守家园的日子正逢长期梅雨季，天天下小雨，白米长米虫，酱油、豆腐乳、酱瓜也都长满肥胖蠕动的蛆，看起来很可怕。

整瓮白米都长满了约一厘米细长的黑色小虫，淘米时无法筛选干净，煮成饭时，密密麻麻几百只小虫，看起来挺吓人，煮成稀饭虫子会漂浮在上面，用勺子才能捞干净。

这三个月时间我们每天吃稀饭，配豆腐乳和酱瓜。我与姐姐对瓶子里的虫子不在意，妹妹则要替她挑选方方正正没被虫子咬过的豆腐乳她才敢吃。

三个月后，在爸妈终日辛苦照料下，终于从死神手中抢回了二哥。二哥健健康康地回到家乡，大家都感到欣喜万分。走在他后面拎着衣服杂物的父母，在开朗笑容背后是掩不住的疲惫神情，双颊也明显凹陷下去，看起来好像突然老了好几岁。

我知道父母亲度过了一段精神与体力极度耗竭的岁月，我也知道，二哥从生死存亡的搏命中赢回了自己的生命。

而二哥也真的不辜负这段少年时期父母为他生死的用心，直到父母将过世之前的十几年岁月里，他是我们兄弟姐妹五个人当中，真正照顾双亲到老的孝子。而我只是名义上让父母在乡亲中增添光彩，好看而不实的角色。

印证父亲常说的一句话："有能力的子女飞上天，没能力的子女留身边。"

我们姐弟三人只靠一缸白米、几瓮豆腐乳和酱瓜，没花一块钱度过三个月的经历，也让我对钱有了新的认识："过多的钱只是满足财富的贪欲，不是为了生活。"

打小鼓的小孩

五六年级同学要为初中入学考试准备，必须留校补习到晚上九点，因此学校乐队向来都是由四年级同学担任。小学四年级时，我们班担任学校乐队，除了大鼓、中鼓、小鼓之外，其他同学一律吹笛子。每天升旗典礼要列队演奏升旗歌，校庆运动会时也要演奏其他的进行曲。

全班最高的顾其鸿同学打大鼓，黄嘉财负责中鼓，我则是打小鼓。大概由于这个经历，养成我后来对音乐的兴趣。

小小升旗手

五六年级时，我与黄嘉财同学负责升旗。全校同学每天早上八点必须在教室前面排队报数，然后整齐划一地依进行曲列队走到操场，参加升旗典礼。我与黄嘉财最轻松，蹲坐在升旗台后面，看着一班一班整齐划一地走进操场。

唱升旗歌时，黄嘉财要双手拿着展开的旗子站在司令台上面，负责升旗的我只要坐在司令台后面等升旗歌唱完，升旗时才轮到我上场，依升旗歌速度将旗子缓缓升到旗杆最上方。

刚开始负责升旗时，有几次没控制好升旗速度，升旗歌快唱完时，旗子只到三分之二旗杆；有时相反，升旗歌还有三分之一时，旗子已经快升到旗杆顶端。最后一分钟，旗子突然升得很快或很慢，常引起全校同学爆笑。升了几次，我便由杉木旗杆上几个不平顺的树瘤记住歌唱到哪里时旗子应升到哪里，同学朝会爆笑的场面就不再发生了。

负责升旗最大的好处就是不必跟大家排队参加朝会，也不必站在操场听校长或训导主任、教务主任训话。

上课时如果突然下雨，我与黄嘉财马上要到操场降旗，可以趁机离开教室上厕所，或不再回教室上课。

小学六年期间，被分配种花、打鼓、升旗等特殊任务，我不知道是由于父亲是三春小学第一任家长会会长，才受到特殊礼遇，还是我看起来天生乖巧可爱才受到这种好待遇。

挑战派克钢笔

小学六年级，由于马上要面临初中入学考试，所以三春小学的六年级向来都是由全校最有名的李隆泰与李再兴两位老师负责教导。村民们私底下认为李隆泰老师只是个粗人，对他并不是特别尊敬。

常听村民说：“你们的李隆泰老师只读过秀水农校，大字也不认识几个，唯一会的就是动手打学生。”

李隆泰的确是全校最凶最爱处罚学生的老师，他负责教我们语文、历史、公民，他严格规定每位同学每次考试一定要达到的分数，低于规定成绩 1 分便要被处罚用竹条打手心。我被规定不能低于 97 分，成绩最差的同学最低不能低于 80 分。万一六科都考 59 分，则要挨 126 下竹条，每次发放考卷之后，看功课不好的同学被打得哇哇大叫，场面十分恐怖。

李再兴老师的个性刚好与李隆泰老师相反，言谈举止十分优雅。他很会弹风琴，也是学校兼职音乐老师，升旗时负责弹升旗歌，他教我们数学、自然、地理。

有罚则有赏，李隆泰老师常常对全班同学说：“任何同学能六科都考 100 分，就可以得到一对派克钢笔。”

我对那对用刻字机器雕刻着“某某小学某同学六科 100 分奖品”的派克钢笔很是着迷，觉得用正楷刻上的文字很漂亮。小学六年级的一整年每逢抽考、月考、期考时，当考卷一发下来看完题目后，就觉得这次一定能得到那对刻着我名字的派克钢笔。但每次都是栽在语文考卷上，老是因为一个字的笔画问题被扣一两分。

直到我上初中时才恍然明白：李隆泰老师根本没有所谓的那对派克钢笔！

他也从来没有拿出来对同学展示，后来我有个以小人之心度君子之腹的个人想法：或许真有同学六科都考 100 分（例如我），他便在语文考卷上动手脚，硬是扣他一两分。

李再兴老师比李隆泰老师有爱心多了。有一天李再兴老师上完数学课后，有感而发地对全班同学说：“学问就是要学、要问！课堂上不懂，上课时问；课外问题不懂，下课后问。”

于是下课后，我急忙跑去问李老师：“老师！老师！为何玩水玩久了，手指的皮肤会很皱？”

李再兴老师说：“老师明天再告诉你。”

我又问：“老师！米缸里的米虫如何从白米中平白生出来？”

李老师说：“老师明天再告诉你。”

很明显李老师家里的图书资料不够丰富，我问了很多问题，第二天李老师并没有告诉我答案。而且同一个问题也经不起一再深入追问，如果真的能追根究底直到最终真理，那么李老师便可以拿到诺贝尔物理学奖了。

例如，每个小孩都曾看过筷子放进水杯中，看起来筷子像是会弯曲，但少有人拿这个问题去问老师。

而我就问了："老师！老师！为何筷子放进水杯中，会弯曲呢？"

李老师说："因为光的折射，使筷子看起来弯曲了。"

我继续追问："为何光会产生折射？"

李老师说："因为光在空气中的运动速度比较快，在水中速度比较慢。"

我继续问："为何光在空气中运动速度比较快，在水中速度比较慢？"

李老师说："老师明天再告诉你。"

在我问了李老师很多有关人生或是宇宙、物理、时间等问题后，有一天我从教室走出来，李老师刚好也从教师休息室走出来，一看到我他便立刻转进保健室。从那一刻起，我便不敢再问李老师了，因为他还欠我 23 个问题没有回答。

从李老师身上我再次认清一个事实：老师不是万能的，除了课本之外，他知道的事物并没有比我多多少，而且他所能回答的也只是回家从书中的信息里找答案而已。

从此我便养成一个好习惯：自己的问题，自己找答案。

例如，玩水玩久了，为何手指的皮肤会很皱？

这个问题他从来没有回答我，正确的答案是："因为皮肤长时间浸泡在水中，皮肤的表面积会扩张。”

而李再兴老师也为我做了一个很好的示范：不知道就说不知道，不会跟学生瞎掰，也没有找借口。

为了感谢他，我在《物理天问》这本书的扉页写着：

谨以此书献给我的小学老师：李再兴老师

上小学时，李再兴老师说："学问就是要学、要问！课堂上不懂，上课时问；课外问题不懂，下课后问。"

于是我一有不懂的问题便问李老师，问到他只要看到我便刻意闪开！他还欠我没有回答的23个问题。李老师教我学习最重要的是要问问题，同时他也展现出不知道就说不知道的正确治学态度。我因而从小就很爱自己问自己问题，无论是人生或是宇宙、物理、时间等问题，也养成自己的问题自己寻找答案的习惯。谢谢李老师！

美国物理学家费曼说："每个小孩都会问为什么太阳每天都会由东方升起来，为什么水会往下流，为什么天空会出现彩虹。"

妈妈会回答："这些问题等你长大以后到学校，老师会告诉你。"

小孩到学校之后老师却回答："这些问题跟你长大以后要做的事没有关系。"

从此，大部分小孩就不再问这些问题了。于是他们长大以后就变成会计师、律师、公务员。

但有一些小孩，还是继续对这些问题保持高度兴趣。于是他们长大以后就变成画家、诗人或理论物理学家。

我从小就很好奇，很喜欢问问题，原本天真地以为问题越难，便越难以找到答案。后来我发现，“一个简单的问题的确只有一个答案，但是一个复杂的问题，会有 100 个答案！现在新的问题产生了，那 100 个回答里面，有没有真正的答案？”

由此我悟出一个事实：自己的问题，自己找答案！除了自己，别人无法帮助你。

从此我便养成有问题自己找答案的好习惯。

天下没有公平这回事

小学毕业典礼上，除了颁发“六年全勤奖”之外，还颁发五个个人奖项。全校最优秀的毕业生得最高荣誉“县长奖”，接下来两位是“乡长奖”，再下来是“校长奖”。

我的成绩一直保持在班上前三名，六年级总共十次考试，四次抽考、四次月考和两次期考，每次考试都是我和李彩凤、李华娥三个人竞争全班第一名，其他的男生早已远离竞争全班第一的战场。

原本我自以为有机会获得“县长奖”，毕业典礼开始前，才被告知我和黄嘉财得到“校长奖”，班长杨文钦与副班长李庆育得到“乡长奖”，李彩凤得到“县长奖”，而李华娥什么奖也没有获得。当时我就感到非常不公平，李彩凤与李华娥相同等级，只因为她是李隆泰老师堂哥的女儿，所以出现李彩凤升上枝头荣获“县长奖”，而李华娥什么奖都没有的怪现象。

世界没有公平这回事，

寻求公平得自己亲自来！

我们不必等到走出社会、经历无数挫折才去体会公平正义是怎么回事，小学六年级我便对大人世界的黑暗面看得很清楚。

毕业典礼之后，学校放暑假，但我们还要留下来补习，准备 7 月 1 日的初中入学考试。当时初中考试不是联考再依成绩分配学校，而是全省所有的初中同一天举行考试，考生只能依自己的程度选一所学校考。女生第一志愿是彰化女中，男生第一志愿是彰化中学，第二志愿是员林中学，第三志愿是员林实验中学。如果不幸落榜，只好参加下一梯次的职业学校考试，去读彰商、彰工或秀水农业学校。

彰化位于台湾铁路山线与海线的交会点，通宵、宛里、清水、大甲、梧栖的学生如果在台中一中念书，上学要由海线到彰化转山线，很不方便，所以所有海线的学生也都报考彰化中学，因此彰化中学比台中一中还难考。

1960 年彰化中学的大学升学率达到 92.5%。彰化中学的杰出校友有：宏碁计算机董事长施振荣、华硕计算机董事长施崇棠、康师傅魏家老三魏应充、大气专家台湾大学副校长陈泰然与滚石唱片著名歌手任贤齐。

三春小学自创校以来，就一直保持每年至少有一位男生考上彰化中学的优良传统，女生考上彰化女中的情况就比较稀少。

报考哪一所学校是由老师依成绩决定的。我们这届,老师选了我、黄嘉财、班长杨文钦、副班长李庆育四人报考彰化中学。

另外有一个成绩很差的陈泽虎也一起报考彰化中学，个性帅得可爱的陈妈妈说:“反正我儿子无论考哪所学校都考不上，同样要缴报名费，要考不上就让他考彰化中学考不上吧！”

成绩最差的学生只好去考秀水农校，当时很少有家长愿意让自己的孩子就读秀水农校（只要参加考试一定录取）和员林农业学校。

他们说:“要让孩子到学校去挑大便学种菜,家里就有大便可以挑,不用到学校。”

由于台湾实施义务教育还没多久，孩子受教育的观念还不正确。农忙期间种田的家庭会让孩子请假，全家大小都要到田里帮忙农务。

乡下父母们普遍认为:“孩子读书只要会写自己的名字，会看报纸就够了，反正孩子将来还是会在家乡当农夫。”

其实与其让一个小孩念初中高中直到大学毕业，然后到县政府、乡公所或农会当个小职员，倒不如让一个正宗农家子弟到农校学习如何改良作物，学习新的农业技术!

考试那天，李再兴老师带 5 个女生考彰化女中，李隆泰老师带着我们 5 个男生考彰化中学。其他考员林中学和员林实验中学的 40 位同学，则由校长室的两位职员分别带队去参加考试。

考试一天考完，一共考三科：语文、数学、自然。不过自然科包含历史、地理、公民等科的试题。第一堂考语文，我很快写完答案，自己再检查两次之后，便交卷走出考场。

李隆泰老师急着问："作文的题目是什么？"

我回答："品德与学问。"

李老师说："你写得怎么样？"

我说："这题目很简单啊！跟彰化中学的校歌精神一样，学术精进、品德深高、群策群力、真善美。因此我先分析品德与学问，虽然学术精进重要，但品德比学问还重要。最后结论我写如果没有品德，有学问只会造成更大的祸害。"

李老师问："你写了几个字？"

我回答："试卷规定作文不能超过 300 个字，我一口气写完，自己算了两遍，一共写了 157 个字。"

李隆泰老师听了，便认定我一定考不上彰化中学。因为全班我的作文能力最好，上作文课时每每我刚做完，老师看完之后便要我上台把我的作文念给全班同学听。他认为作文是我的强项，占语文总分 30% 的作文，我竟然只写了规定字数的一半，一定得不到好成绩。

我自己可不这么认为，如果词不达意，就算刚好写了整整 300 个字也不会有好分数。如果能用 157 个字说清楚，何必写 300 个字？

第二堂考数学，下午考自然，这两科的试题我觉得很简单，应该只会错一两道题，自信考 90 分以上应该没什么问题。

考完初中，虽然早就毕业了，但每天仍然得到学校去。白天老师为我们复习功课，晚上自习到九点。发榜前两天晚上，我们自习到快九点时，李隆泰老师从教室后门进来，同桌李庆烟急忙摇醒趴在桌子上睡觉的我，我红着脸，惺忪着眼回头，刚好看到由后面走到讲台的李老师。

李隆泰老师一脸怒气地走上台，指着我大喝：“蔡志忠！你给我站起来！”

我立正站好。

李隆泰老师说：“你以为你会考取彰化中学吗？我告诉你，你考不上彰化中学的！”

然而老天好像故意跟李隆泰老师过不去。过了两天发榜，三春小学5个最厉害的男生考彰化中学、5个成绩最好的女生考彰化女中，10人中只有我考上，其他则全军覆没。我三科总分是278.5分，刚刚好就是录取标准，算是吊车尾险险过关。数学和自然都是90多分，语文则拿了80多分，所以在作文上，应该没有失分太多。

李隆泰老师亲自到彰化看榜，回到学校之后自己不好意思到班上宣布，拜托李再兴老师到教室悄悄地带我到教师办公室。

李老师说：“刚才李隆泰老师到彰化看发榜，李老师要我转告你，恭喜你考上彰化中学了。”

得知考上彰化中学，我只淡淡问了一句：“明天我不用到学校自习了，对吗？”

老师说：“是的。”

我默默地走回教室，一句话都没说，跟大家一起下课回家。至于第二天李隆泰老师如何自圆其说，在班上宣布“只有蔡志忠考上彰化中学，其他 9 位同学通通名落孙山”则不是我关心的事。

初中岁月

考中彰化中学，最高兴的是我父亲，他特地为我买了个白书包，书包正面他以正楷大大写着“省立彰中”四个大字，害得我每天乘车上学都得反背书包，生怕同车其他学校学生误会我故意炫耀。

1960 年 9 月 1 日上课第一天，我被分配到英士组。彰化中学将每一班级以“革命先烈”的名字命名，英士即陈英士。我的学号是 9919，高中部学号由 9001 开始算起，宏碁创始人施振荣先生初中就念彰化中学，同一年他考进高中部。初中部由 9501 展开，所以我是初中一年级编号 419 的学生，应该也是初中 500 位新生中，入学考试成绩第 419 名。宏碁施振荣先生比较厉害，学号 9128，是高中 500 位学生成绩排行第 128 名。

当时我对 9919 的学号很感兴趣，4 位数有 3 个 9 有些神奇，我用心思考看看有什么数学方程式可以描述 9919，过了几天就找到非常漂亮的数学公式：

$$10^4 - 3^4 = 9919$$

我也因此对自己的数学能力信心大增。

我的初中生涯，从书包开始

彰化中学校长翁慨

彰化中学位于八卦山华阳岗，彰商与南郭小学中间，邻近彰化县立体育场，是彰化县第一学府，入学考试竞争非常激烈。彰化中学的前身是日据时期台中州立彰化中学校，创立于1942年4月27日，改制后才形成现在的彰化中学。

1947年至1965年，翁慨当了18年彰化中学校长。翁慨校长个人很崇尚北大蔡元培校长的治校理念，倡导自由思想，他认为品德教育比学科教育重要，大部分的学校下午上三堂课，4点20分才下课，彰化中学硬是比人家少上一堂，下午3点20分就下课。彰化中学全校四面八方都没有围墙，放学时，学生可以往任何方向离开学校。

每当早上学生沿着20度斜坡的道路上学时，翁校长骑一部浅蓝色速克达摩托车，在路上遇到迟到的学生不是停下来训话，而是载他们赶到学校参加升旗典礼。有时他的速克达摩托车前后载着三四个迟到同学加速上山，场面看起来很吓人。

在彰化中学上学那些年，彰化中学有个好校长，可惜我碰到的坏老师居多，好老师少。

人生第一个污点

入学第一年刚好赶上学校进行教室改建，原本作为学校门面的3层楼高中部被拆掉，重新改建5层楼，由于教室不够用，初一新生只上半天课。10个班新生5个班一组，轮流上上午课或下午课。

那一年我们分到的6位老师中，有4位刚从台湾师范大学毕业，人生头一次当老师就来教我们。

黄发葵也是刚一毕业就当我们班上的级任导师。记得黄老师上第一堂课时，一走进教室就发问："在小学当过班长的同学请举手。"

乖乖！彰化中学果然是超级名校，全班50个同学举手的竟然超过一半，班上同学大多来自彰化市最著名的中山小学。老师选了身材最高的游建雄当班长。游建雄的哥哥游建次是彰化中学足球队队长。彰化中学足球校队非常有名，曾获得全省高中联赛冠军，一个月总有几次接受其他学校校队的挑战，放学后在彰化中学操场比赛足球。

有一次，下午放学后，台中一中与彰化中学在大操场举行校际足球对抗。原本这星期应负责打扫教室的我们这两排同学，急于去看校际足球比赛，大家说好比赛结束后再回来打扫教室。球赛结束后，我回到教室发现大家都跑光光了，只好乘车回家。

第二天中午到学校上课时，一进校门发现有好几位同班同学在看布告栏，我顿时有股不祥的预感，急忙挤进去看布告栏公告。

初一英士组同学：某某某（包括我在内的16位同学名单）因未打扫教室，记小过一次。

我一生从来没有被处罚责骂的经历，记小过是人生中头一遭，白纸染了一个污点。

黄发葵老师还没有学会当导师，却很会掌握当导师的权力，并把自己的权力发挥得淋漓尽致。上第一堂课时，黄发葵老师走进教室，淡淡地对大家说："下次有谁胆敢不打扫教室，记一大过。"

大概他对自己的办事效率很满意，一个早上便把记过签呈由训导处、校长室、总务处，走完整个流程，印好记过公文，扬扬得意地亲自将它张贴在布告栏上。

但黄老师大概忘记了，人们自爱的关键常常是因为自己没污点，有一个污点之后，多几个污点便无所谓了。正如我小学时很在意"六年全勤奖"，从来不请假，如果请过一次假，便不在意之后多请十次假了。

第二次被处罚的经历

可能是因为我很会画画，字又写得工整秀丽，所以第一学年就被黄老师选为学艺股长。除了必须为班级画墙报之外，每天还要负责写"教室日志"。放学下课后要先交给导师当面签名再送到校长室。

有一天放学后，我写好教室日志，去教师办公室请导师签名，可是找遍了全校也找不到黄老师，他应该是临时有急事离开了学校。我回家的末班车时间快到了，校长室秘书也预备回家即将锁门，这时我有几个选择：

1. 报告校长应如何处理；
2. 直接把教室日志放进校长室；
3. 代替黄老师签名。

看来前两个方法都对黄老师不利，依我的模仿能力，模仿黄老师的简单签名笔迹，相似度能达到百分之九十以上。因此我模仿了他的笔迹代替他签名，心想明天再向黄老师解释，相信他能理解我的善意。

第二天上课，刚进教室，同学说："黄老师急着要你到教师办公室。"

听起来就觉得情况很不妙。

黄老师指着教室日志的签名说："是你替我签名的？"

昨天他提早走，想必他也很担心自己没在教室日志上签名这件事，才会一到学校便急着翻阅教室日志。

我说："全校找了三四遍，都找不到你，我不知道怎么办才好。"

他说："没找到我就可以替我签名吗？"

我说："替你签名，是怕你提早离开学校，被校长知道啊！"

他恼羞成怒地拿出约50厘米长的木板说："我要处罚你，打双手10下。"

我默默地伸出双手站着不动让他打手心，只见他像在对付有深仇

两次处罚经历，让我对老师有了一点偏见，很多时候，我宁愿自学

大恨的世仇一样，高举长条木板奋力连打 10 下。我端着一双红肿得很厉害的手，很想直接走进校长室向翁慨校长报告事件的始末。

我知道翁慨的治校理念，跟他据实报告，最多我只会记小过，而黄发葵老师此后大概很难在彰化中学混出什么名堂。

这两次被处罚的经历，大概也是我以后更愿意自学的原因。

这只是个善意的玩笑

初中一年级，每星期上两次体育课。班上体育老师叫蔡宽，年纪轻，为人好，说话风趣又讲义气，全班同学都好喜欢他，把他当成自己的大哥。

有一次上自习课，他从教室门口走过，全班同学都好高兴，在教室内隔着窗户和他大声打招呼："蔡老师！蔡老师！"

有的同学以日文单词高喊："あにき！里面坐啊，あにき进来里面坐啊！"

"あにき"是日文"哥哥"之意，喊起来特别亲切，蔡老师面无表情匆匆走过，没说什么。

第二天下午，上体育课在操场列队时，同学们意外发现事情不得了。

蔡宽老师一脸铁青，凶巴巴问道："昨天叫我'あにき'的同学，站出来！"

大家听了都吓了一跳！在乡下称别人为"あにき"是认同对方的亲切用语，但台湾黑道流氓也互称道上兄弟为"あにき"。

蔡老师认为我们喊他“あにき”是侮辱他是黑道大哥，因此非常生气。

我和几位同学立刻自动地从队伍中站出来排成一排，蔡老师举起拳头用力重重地捶了每位同学胸口一拳。

然后接着说:“只有这几位叫我‘あにき’吗？没站出来的同学列队跑。”

七八圈后,蔡宽令同学归队,再次问:“叫我‘あにき’的同学出来,其他的人继续跑。”

由于当时他实在太凶了，没在第一时间承认的同学已被吓得不敢站出来了。从没叫过“あにき”和不敢承认的同学，全体在烈日底下足足跑了50分钟。

从此，班上同学在学校遇到蔡宽便直接闪人，再也没人把他当成大哥和亲兄弟了。

这是我在彰化中学再次被曲解遭受惩罚的经历。当然，最让人无法理解的是身为师长的大人，竟然也不先问清楚，就直接惩处。

很小我便学会如何判断是非：评估一个人的行为，从他的出发点是善意还是恶意来看。而黄发葵与蔡宽两位老师对善意的误解也让我对老师有了偏见。

其实，《礼记·学记》中对老师的要求说得很清楚——

> 如果一个君子已经知道教育成功的原因，又知道教育失败的原因，他便能为人师表。

君子引导学生的方法是：

加以引导，而不强迫服从；

教学严格，而不抑制发展；

启发学生，而不示之答案。

引导而不强迫，则师生关系和谐；

严格而不抑制，则学生能自由发挥；

启发学生而不示之答案，则能引发学生思考。

师生关系和谐，学生自由发展，引发学生思考，可称之为最善于引导学生了！

但两千多年后的今天，有几位老师真正达到了《礼记·学记》的要求？

虽然对教过我的几位老师很不满，不过在彰化中学时，我倒是真碰到一位对我影响深远的老师黄界原。另外我的人生中还有李再兴、蔡聪明两位关心学生的好老师，谢谢他们把学生当成自己的孩子一样真心教诲。

影响我一生的一席话

初中二年级的导师名叫黄界原，他也是彰化中学校友，刚从师范大学毕业便回彰化中学母校当我们的级任导师。

画漫画是我从小定下的目标，并坚持了下来

当我第一次寄四页漫画到台北漫画出版社投稿时，出版社看了画稿误以为我早就是个职业漫画家

第一堂课，黄老师走进教室一句话也没说，便在黑板上写了一句话："老黄卖田，给孩子念书。"

又马上将字擦掉，然后有感而发地对班上同学说："读书并不是人生唯一的道路，也不是每个人都能从读书中获得好处。我父亲辛辛苦苦供养我到大学毕业，现在当老师一个月薪水才638元。而我有个同学只念到小学，在台北龙山寺旁开水果店，一天就能赚300元。每个人现在就要思考将来要干什么，当你已经决定了自己的人生之路，现在就可以开始做了，千万别等到念完所有的书，大学毕业后才去做！"

黄老师的话像是在对烂学校放牛班的学生说的，对台湾中部第一流学府彰化中学学生说这种论调确实很奇怪。虽然我不同意黄老师以赚钱多寡来衡量成就，但他鼓励我们及早寻找自己的人生之路，现在就开始真正去做，对我产生了很大的启示作用："我可以现在就开始画漫画，不用等到初中毕业啊！"

我从9岁便立志成为职业漫画家。自从听完黄老师的这番话，我便下定决心："只要有机会成为职业漫画家，我便立刻放弃学业去画漫画。"

但过去我所画的都只是实习作品，于是我便以职业漫画家的标准来画漫画。例如：使用正确的漫画稿纸、蘸水笔、鸭嘴笔，用铅笔在漫画稿纸四周写漫画对白。当我第一次寄四页漫画到台北漫画出版社投稿时，出版社看了画稿误以为我早就是个职业漫画家呢。

人想成为什么，便要做得像什么！打从人一生下来，人生就已经开始了，没有所谓的实习阶段。我后来便以这个观念带自己的女儿：

她小时候用瓷碗吃饭，用玻璃杯喝水；两岁以前教她学会自己过马路。人生不是演习，任何时候都是真实人生的实况转播。

小小漫画联谊会

彰化市庙口有非常出名的彰化肉圆、彰化肉羹，庙口骑楼有一个漫画出租摊，钉得像书架一样的六片门板大小的夹板上摆满了各式漫画书，借看一本两毛钱，也可以租回去看，一本五毛钱。漫画租书摊老板自己也喜欢画漫画，因此庙口骑楼漫画出租摊便成为爱画漫画小孩的聚会场所。有男生，也有女生，大家带着自己的漫画作品相互观摩。

彰化第一个在台北画漫画的职业漫画家李逸人回彰化时，也常到庙口漫画租书摊。他给了我们几页漫画正式稿纸，同时也教我们应该用什么样的笔画漫画。

有人提议我们七八个热爱漫画的学生应该组个漫画联谊会，大家同意后，决定星期六下午，在一位联谊会成员家中客厅举行第一次漫画座谈会，同时也邀请李逸人做一场漫画专题演讲。

漫画座谈会那天，大家围着李逸人席地而坐，这时有个同学提议：

“大家先轮流简单自我介绍一下。”

众人一致同意后，便一个接一个轮流站起来介绍自己。

“我叫吕金泉，精诚中学一年级，我和大家一样喜欢漫画，谢谢！”

“我是林瑞萱，彰化女商二年级，请多多指教。”

“我是林瑞莲，彰商一年级，请多多指教。”

眼看着就要轮到我了，我手心发汗好紧张，心里越来越慌。突然身旁的人摇摇我手臂说：“该你了！”

所有目光都朝向我，我满脸通红害羞地站起来低着头不语。

有人说：“讲话啊！你叫什么名字？”

我急忙说：“我叫蔡志忠……”

蔡志忠三个字还没讲完，我便急忙地坐回椅子上，整张脸羞得好红好红。大概是小学一年级与女同学的牵手事件所带来的阴影，我像是双重性格，外表与行事风格极端相反，羞于在公众场合表现自己，但又勇于单刀赴会挑战别人没勇气做的事。

初二的暑假，我画了四页漫画，寄到刚成立不久的小出版社——集英社。

一星期后，收到了一封短信，写着：“如果你现在能够来台北画漫画的话，我们邀请你到本社，当正式漫画家。”

那天下午，我告诉妈妈：“妈妈！明天我要去台北画漫画了。”

母亲说：“你走之前，要先去告诉你爸爸。”

当天晚上吃过饭之后，父亲一如往常地坐在室外走廊的藤椅上看报纸，我走到他后面说：“阿爸，明天我要到台北画漫画。”

他说：“找到工作了吗？”

我回答说：“找到了。”

他说：“那就去吧。”

短短四句对白，二十五个字。他没回头看我，我也没走到他的前面。

我什么都不怕，向前走！

1963 年 7 月 15 日早上，我带着简单的行李和家人给的 250 元台币，先到彰化大姐家跟姐姐、姐夫告辞，下午便搭平快火车上台北。

火车渐渐启动离开站台，载着我朝向未来。我走到最后一节车厢，望着往后退的铁轨和渐渐远去的家乡景色——再会吧！我的故乡，再会吧！我在心中大喊：“故乡！我永远不回来了！永远不回来了！纵使会饿死在台北街头，也不回乡下了。”

望着早已看不到的故乡，我泪流满面，分不清是告别故乡的离情，还是朝向梦想的喜悦。但很确定的是我内心那股永不回头的绝情。

20 世纪 60 年代的台湾，15 岁离乡到台北并不特殊也不奇怪，村子里的小孩往往小学一毕业，便到台北当童工或学徒。

三毛念北一女中初二时便离开台湾，浪迹天涯写《撒哈拉的故事》。

李昂初二便开始写《花季》，她的第一本小说。

古龙念淡江英文系大一时，便开始写武侠小说《苍穹神剑》。

在那个条件匮乏的年代，大家都来不及长大，谁都没有背景与家庭支援，每个人都知道：一切要靠自己，亲自主导自己的未来！

后来我发现，乡下小孩很独立，韧性强过都市小孩，有很强的忧患意识。我除了会画漫画，还自学足以上台表演的魔术，学会放电影，后来又学会开车。正因为台北不是家，只能当临时避风港，而我又不想回乡当农夫，所以学会一切能留在台北的谋生技术。成名以后，媒体记者问我："当初决定休学画漫画，有没有经过痛苦的抉择？"

我回答："一个人能走自己的路，又能以最爱的漫画为职业，哪里会有痛苦！"

我们犹豫不定，是因为我们不知道自己要什么，当漫画家是我从小的梦想，选择自己的挚爱，当职业漫画家，怎么会有痛苦煎熬的事情发生呢？

4 个小时车程，抵达台北已是黄昏，走出火车站，给三轮车夫出版社地址，讲好车资 3.5 元，没几分钟就到了目的地，原来出版社与火车站同在八德路上。

集英社位于台北工专正对面的洼地（原址现在是光华玉市，三创园区附近），洼地内有不少住户，三轮车夫按着地址，在一家门口停下来。付过三轮车车资，我拎着皮箱透过稀疏的竹围篱往里面望去，是一间日式简朴平房。

按了门铃，一位高壮的二十来岁的男人来开门："你找哪一位？"

"我是从彰化来画漫画的蔡志忠，你们写信希望我来工作的。"

“我叫许诚，你看起来好小，今年几岁？”

“今年 15 岁。”

许诚看着比皮箱没高出多少的我，说道：“你寄来的漫画看起来很成熟，没想到你还是个小孩子。”

讲好月薪 300 元，提供吃住，分配了画画的工作桌，安置我到 6 平方米左右的小卧房，里面摆了两张双层床，四个小漫画家挤在一起睡觉。

第二天早上四五点，我从在乡下清晨的鸡鸣狗吠声中醒来，变成在都市卡车行驶与喇叭声中醒来，蒙眬中突然意识到自己已经不是那个乡下寻梦的孩子，而是美梦成真的漫画家了。

不禁在心中高兴得大叫：“哈哈哈！我已经成为职业漫画家了，我是漫画家了！”

从此便开始了我的小小漫画家生涯。

从 15 岁开始，一个一个的格子间见证了我的人生之路

第三章 漫画生涯

每个人都能改变未来，

走出自己的人生之道。

集英社是由许诚、郭富雄、曾先生三位当兵战友合伙创办的。郭富雄当兵之前曾当过编辑，因此由他当集英社漫画主编，许诚与曾先生对漫画完全外行，两人骑自行车载书负责发行。许诚股份应该最多，因为集英社就设在他的家，连郭富雄、曾先生都称他为许老板。

20 世纪 60 年代，台湾物资缺乏，人人都很努力想办法赚钱养家。现在的光华玉市就是当年集英社原址，也是许诚的家，当时是个洼地，比八德路路面略低一层楼。里面好几户违章建筑，住了很多户穷苦人家。

其中有户人家经营婚丧喜庆乐队，平时晚上常集合附近邻居小贩们一起吹奏练曲，常从屋内传出不太专业的各种进行曲。

有人要办理丧事聘请乐队时，大家便暂时不卖菜、卖肉、卖水果了，而是每个人穿上袖口脏脏的乐队制服，戴着乐队帽子，有的人掌旗，有的人打大鼓、吹大喇叭小喇叭、吹笛子；队伍不太整齐地走在街头，作为丧礼的前导乐队。

集英社老板许诚与曾先生为了赚外快补贴收入，也常参加丧礼前导乐队，看到我们在路边观看，他们便红着脸微微一笑，很不好意思。

对于此事我倒是很感动，许诚为了让出版社有钱发薪水，无论多么卑微的工作他都愿意做。

当时社内有五六位年纪不同的漫画家，我的年纪最小。漫画家通常智商都很高，也多才多艺。其中有一位名叫许不了的漫画家，后来改行到广播电台当主持人卖药，听说赚了很多钱。

20 世纪 50 年代，由于娱乐缺乏，武侠小说在台湾广为流行，例如诸葛青云的《夺魂旗》《紫电青霜》，卧龙生的《飞燕惊龙》《玉钗盟》，都深受读者欢迎。漫画流行之后，租书业兴起，很多店面或路边骑楼纷纷开设武侠小说和漫画的租书店或租书摊，供人现场观看或租回去，漫画租一本两毛，武侠小说一本五毛。

租书店通常将漫画书摆在右墙，武侠小说摆在左墙。比较受欢迎的武侠小说会被改编成武侠漫画出版，小说也因而更受欢迎。在不重视著作权的年代，武侠小说家也很乐意他的作品被改编为武侠漫画，常有武侠小说家到漫画出版社找改编他小说的漫画家，一起去喝酒吃饭。

集英社专门出版武侠漫画，在没有版权概念的时代，我们也是把别人写的武侠小说改编成漫画。由于一本武侠小说可画成 3 本漫画，一套武侠小说大约 60 本，整套改编则会变成 180 本漫画书。

因此一套 8 本的武侠漫画，我们只能引用小说的故事开端和人物角色画第一、第二本漫画，其他 6 本则要海阔天空地去想象发展和收尾，要自己编故事。

我很喜欢画漫画，每天都画到很晚还不睡觉。

许诚说："快去睡觉吧，明天再画。"

我说："好的。"

子夜一两点，许诚又起床催促我："去睡觉，明天再画。"

我说："好的。"

往往画到凌晨两三点，因为我想赶快画完，急着想看到自己的第一部漫画作品。

10 天后，我画好第一本。制版印刷前，许老板说："你自己取个笔名吧。"

作家取笔名是台湾 60 年代的风气——琼瑶、三毛、李昂、古龙、卧龙生、诸葛青云，没有人用真名。

由于当时流行姓名笔画命运学，我不想更动姓名前后三个字的笔画，"忠""昌"两字同为八画，我便把蔡志忠改为蔡志昌，后来我一直沿用这个笔名，五年期间一共出版 200 本武侠漫画。

少年的我

凤梨心的滋味

集英社的小小漫画家们每天加班，往往画到半夜，有时会到巷口吃夜宵。我在乡下时没吃过水饺、锅贴、包子、阳春面等食物，有一天深夜，跟大家一起到巷口路边摊吃夜宵，人生中第一次吃麻酱面。

当时我赞叹说："世上怎么有这么好吃的面！"

直到今天，我还是觉得麻酱面是天下美味，一碗清粥、一盘豆腐乳就是上等美食，并没有因为有名有钱而改变了自己的口味。

由于我热衷于画漫画，并不太想家。来台北之前，在家里经常整个凤梨吃个痛快，经过工专附近的水果摊，看见上面摆满了切好的凤梨，突然很想念故乡。

一个凤梨切成四片，一片五毛钱，凤梨心一毛钱，我舍不得花五毛钱，拿出一毛给小贩："老板，买一根凤梨心。"

边走边嚼着凤梨心，
满嘴都是故乡的滋味。

匆匆过了一个月，马上到了第一次领薪水的日子。大概许老板看我画得又快又认真，原本讲好一个月 300 元，又加薪一倍，第一次便领到了 600 元。

人生第一次领薪水，立刻到邮局汇 450 元给父亲。寄回家 75%

的薪水，纯粹是为了内心那股骄傲，证明自己的确能靠画漫画赚钱。我还附了一封信给父亲，简单报告了生活状况，最后加了这段话：

> 爸爸，你是全乡书法第一，但我不仅要成为全花坛乡最好、全彰化最好、全台湾最好的漫画家，有一天我还要成为亚洲最好的漫画家。

只因第一次出版漫画，第一次领薪水兴奋过度，才写下这段少年轻狂的话。

直到22年后，我拍《七彩卡通老夫子》票房台湾第一，连续获得“金马奖最佳卡通片”和“十大杰出青年”奖。

父亲送我一张他特地为我写的书法“名震亚洲”，我才猛然发现：原来父亲一直牢记这封少年轻狂时代所写的信。

我相信只要持之以恒，死命地做一件事，一步步向前，总有一天能达成梦想。

葛乐礼台风来袭

集英社开始还算经营得顺利，然而1963年9月11日晚上，葛乐礼台风来袭却改变了一切。

那天从傍晚起，就下起倾盆大雨。入夜后更夹杂一阵猛过一阵的强风。一阵风尖啸过后，便会听到“轰隆”的重物落地声响。

“希望不是谁家的屋顶被掀开了！”

许老板坐镇客厅，提防突发状况。我们本来一起陪他，但到九点多，他就催促我们先去睡觉。

半夜风雨不断，大水猛然淹到床铺，许老板匆忙地把我们叫醒：“快起来！水涨起来了！”大家急忙起床，来不及套上外衣长裤，穿着内衣就到对面工专大礼堂避难。在工专大礼堂避难时，台北市政府还蛮贴心地每天送给难民凤梨面包。为了消除难民内心的焦躁不安，每天晚上还放电影供大家欣赏。

两三天之后，大水退了才回来整理被台风摧毁的残破家园。乖乖，好惨！台风之前从印刷厂搬回来的新书泡水三天，看来只能当纸浆卖一些钱了。我们的漫画原稿也被水泡得惨兮兮，只能作废重新画。集英社整个家当全没了！

许诚老板不肯服输，让我们将湿答答的新书一本本摆到屋顶晒干，看看能否以风渍书换回一些钱。连续十几天，大家都没画漫画，天天在屋顶摆书、晒书、收书、整理书。每天一早就忙着搬书到屋顶摊开晒太阳，傍晚再搬进屋子。一星期后书是晒干了，但弯曲变形得太厉害了，内页皱缩难以翻阅。

许诚老板自己载着书，一家家书店低声下气地询问，一个个租书摊推销，最后以每本几毛钱的价格将这批书卖掉，但没挽回多少亏损。

每天许诚老板回到公司，像个泄气皮球，说起话来都低沉了不少。谁都不知道集英社会不会再出版漫画，要不要继续经营下去，经历十几天光晒书不画漫画的日子，我必须另外寻找出版社，才能继续待在台北当漫画家。

在一个周六下午，我带着几页漫画到潮州街台湾最大的文昌漫画出版社投稿，总编辑蔡昆霖看了我的漫画原稿，当场答应以每页 5 元的价格出版我的作品。

我很高兴地回到集英社，犹豫怎么在这个时候向许老板辞职，无论如何都不能不跟他说一声就走，可是该怎么开口？

最后只好向他说：“老板，我想明天回乡下几天。”

许老板说：“好啊，你回家住几天再来，晚上我请你到西门町吃饭看电影。”

我又羞愧又着急：“不用，老板不用。”

许老板说：“不用客气，我要为你饯行。”

生鱼寿司的眼泪

那天晚上，他带我到台北西门町峨眉街美观园日本料理店吃饭，点了两份蛋包饭和一盘生鱼寿司。

许诚夹了一块生鱼寿司给我：“这盘生鱼寿司大家一起吃，你先吃一块寿司。”

我从没吃过生鱼寿司，大咬一口。“哇！”芥末的辛辣直冲脑门，鼻涕眼泪四溢，像是痛哭流涕一样。

其实我是惭愧又感激到真的流泪，明明是要跳槽，却谎称回家乡，许老板目前情况很糟，还花钱请我，实在太对不起他了！

饭后，他又请我到儿童戏院看电影《纽扣战争》，更令我羞愧得不知如何是好。

第二天，我便离开集英社到文昌出版社报到。没隔多久，听说集英社勉强维持一段时间便结束营业了，许老板改行开自助餐厅。

1992 年，我到光华玉市买铜佛，得知他改做古董生意。光华玉市大部分是他的土地，他本人也在光华玉市开了一家“品珍堂”古董店。我到光华古董市场时，也会进去和他聊天叙旧，他对我那份父兄般的感情，直到今天依然浓烈。

文昌出版社

文昌出版社跟集英社很不一样，公司规模很大，很专业，有八十几位漫画家。整个出版社桌子排得满满的，连通往厕所的走道都摆了一排桌子。每位漫画家分配一张桌子，晚上睡觉时把椅子摆到桌上，桌子底下的木板就是睡觉的地方。

编辑室墙面边是整排书架，放满了日本漫画杂志和日本单行本漫画，横山光辉、白土三平、小岛刚夕的作品都很齐全，谁都可以随意拿来参考。每位漫画家看到厚厚一大本的日本漫画杂志，都很期待自己有朝一日也能成为作品刊登在日本漫画杂志的漫画家。后来我一心朝向日本漫画王国发展，正是这个时候所激发出来的渴望。

总编辑蔡昆霖人很优雅，是“二二八事件”的受害人。他念台中一中高中部时，曾因参加学生读书会，被以叛乱罪起诉，判刑 15 年。

蹲苦牢期间在监狱里自学日文，听说他的日文比日本人还棒。

几年后蔡昆霖离开文昌出版社，先后任职国华广告总经理、国泰美术馆馆长，创办《王子》半月刊、《龙龙杂志》，曾支持红叶少棒队到台北中华体育场跟刚夺得世界冠军的日本和歌山少棒队比赛，轰动一时。他也成为台湾早期的出版教父。

文昌出版社编辑部原本设在潮州街，后来搬到和平东路3段180号。一楼前段是编辑部，后段是制版部和印刷厂，二楼则是漫画家工作室，二楼半夹层阁楼是我们睡觉的地方。

漫画工作室、编辑部、制版部、印刷厂全在一起有一个好处，我们早上跟编辑部交稿，晚上便可以看到制版部正在作业，第二天中午可以从印刷厂拿到印完了还没切割的全开纸张，第四天早上便可以拿到自己的新书，完成整套作业只需要72小时。

我曾在这里住了一段时间。很神奇的是50年来台北到处改建大楼，而这栋两层楼的老旧房子至今安然未动。李碧华采访我的时候，是“安康牙科”牙医诊所，现在则是“山西刀削面”，紧邻由师大教师宿舍改建的“国科会”大楼。

听说文昌出版社老板廖文木很会吹口琴，有一天在电视上，看他上台视《星星星》现场节目表演口琴独奏，由当时最棒的鼓霸乐队伴奏。亲眼看他上电视，才见识廖老板多才多艺的出色一面。

当时我很想学他除了本业之外还要有一项傲人的个人专长，原本上台北时想要学吉他、交际舞和游泳，多年来这三项却一项也没学会，直到后来我赢得100多个桥牌冠亚军奖杯，才算完成了这个梦想。

老板的弟弟廖文雄是台湾棒球的击球王，比赛时他都是第四棒，晚上常有棒球选手到出版社打麻将，赫赫有名的棒球投手官大全、捕手叶龙辉都是座上常客。

廖老板自己也很喜欢棒球，午休时大家都跑到紧邻出版社的师专操场打棒球。当时爱打棒球的漫画家超过 20 位，太晚到师专操场的人，入选不上两队对抗的 18 个队员名单。文昌出版社有自己的棒球队，取名为“克龙队”。

1965 年，我们报名参加规模堪称台湾第一的“中华杯”棒球锦标赛。“克龙队”果真克龙，将强队克到底，由初赛、复赛到决赛，一路过关斩将，最后夺得冠军奖杯，成为那年的大黑马。

虽然大部分队员不是漫画家，而是强投官大全、强补叶龙辉与超级强棒廖文雄，然而毕竟是文昌漫画出版社的棒球队，与有荣焉。

领了奖杯之后，两人一部三轮车，三十几辆三轮车浩浩荡荡游街，由敦化南路回到和平东路出版社，沿途不断有人放鞭炮，实在风光极了。

很可能由于天天运动，我也慢慢长高了。每次回乡，母亲都欣慰地看着我说：“你在台北很会照顾自己，越长越高，已经从小孩变成大人了！”

文昌时期，曾跟来自台南的漫画家范万楠、陈博文、欧文龙四个人合租房子一起画漫画。当时我跟范万楠合作了 5 套漫画书共 40 本，后来范万楠改行创立东立出版社。东立出版社经营得非常成功，是台湾最大的漫画出版社。我跟他是五十几年的好朋友，当年同穿一条裤子，我跟他两人也是五十几年到现在还从事漫画行业的异类。

第一次漫画灾难

台湾由 1957 年开始，从《漫画周刊》《模范少年》的周刊漫画，到 8 本一套的单行本武侠漫画，促成为期将近十年的第一波漫画狂潮，直到 1966 年遭遇了来自媒体的危机风暴。

很多报纸专栏作家如何凡、丹菲、薇薇夫人等，在他们的方块文章里对漫画猛力挞伐，他们说漫画败坏社会风气，学童迷上漫画不认真读书，将漫画讲得一无是处。

社会新闻甚至还捏造假新闻栽赃，说学童看了漫画，逃学到深山寻仙，想学法术，被当地警察找到。

新闻没提哪个学校，哪位学生。

在哪里发生，也没具体照片。

如果是这个理由，为何没怪武侠小说？

由于媒体与专栏作家对漫画的围剿，家长和老师纷纷禁止学生看漫画。从 1966 年 5 月 1 日开始，漫画被要求出版之前必须先送审，取得编译馆执照之后才能印刷出版。

漫画销路越来越差，出版社纷纷关门倒闭。廖老板面对这种情势，仔细考虑后，认为审查标准不好应付，这几年下来钱也赚到了，便决定 4 月 30 日那天结束文昌出版社的营业。

这便是我们的第一次漫画灾难，现在回想起来，如果不是被强力打压，台湾地区很有可能发展为继日本之后的世界第二大漫画王国。

那一年5月初，文昌出版社已结束营业，我只好收拾行囊回乡下待了一个月。我没告诉父母失业了，父母亲也没问一句话。父母的观念认为家是孩子永远的避风港，要住多久都没问题。

几天后，父亲悄悄跟母亲说："看起来挺严重的，连唱片、唱机都搬回来了。"

邻居问我妈妈："咦？你们志忠这次为何回来这么久？"

妈妈回答："他是读书人，做什么必然有他的理由。"

我妈妈虽然没读过书，不认识字，但她是我们全家最睿智的人。

后来我认识施振荣与温世仁和他们的母亲，我同样认为施妈妈是施家智商最高的人，温妈妈是温家最有智慧的人。

我常思考这个问题：没有文化背景的妈妈们为何最睿智？很可能是女性比较有包容心，事情看得比较宽广。

南昌出版社

我当然不会留在乡下当农夫，一个月后，又上台北找机会。听人说南昌出版社无惧漫画审查，还是继续出版漫画。

我就去和平西路植物园附近的南昌出版社跟老板萧喜棠见面。由于当时我已经有点名气，便谈好一页漫画8块钱，同时也替出版社设计漫画封面，每张100元。于是我开始在南昌画漫画。

一年后，萧喜棠以27万台币在东园街民本电台附近买了一栋三层楼别墅，公司改名为义明出版社。我在东园街工作到当兵为止。

再度上台北画漫画，发现台北的漫画家早都改行或回家当靠爸一族了。无论大环境有多恶劣，还在坚持画漫画的都来自中南部，原因可能是来自穷困乡下的小孩韧性强过都市小孩，也可能是中南部小孩没有退路。

热爱热门音乐

如果有人问我："如果你没当漫画家，你会从事什么行业？"

我一定会回答："我会当音乐作曲家，创作音乐。"

虽然我是个漫画家，但我的好友滚石唱片的段钟潭、风潮唱片的杨锦聪、李泰祥、朱哲琴、谭盾、何训田，都跟音乐有关。

跟音乐结缘，除了小时候在教堂唱圣歌和小学四年级在班上是学校乐队成员之外，就是因为我姐姐出嫁。

12 岁考上初中那年，我大姐结婚。当时出嫁时嫁妆必须要有"四点金"——自行车、缝纫机、收音机、电唱机四种金属贵重物件，于是姐夫便将他自己的老式唱机及《保罗·安卡》、《康妮·弗兰西斯》、*Beck's Bolero* 三张西洋唱片送给我，所以我从初一开始便很爱听西洋音乐，保罗 · 安卡是我第一个西洋歌手偶像。

1963 年刚到台北画漫画时，我除了很爱画漫画，还很热爱电影和流行音乐。

义明出版社时期，我对西洋流行音乐非常着迷。记得 15 岁刚上台北时，我到西门町看电影，四幅超大的披头士黑白照片贴在万国戏院四根柱子上，是电影《一夜狂欢》的宣传剧照。来台北之前，我早就知道英国利物浦流行音乐合唱团体“披头士”红遍全世界。

我望着这四幅披头士照片，当时便暗自发誓要学他们不剪头发的披头作风，这也是直到今天我还留着长发的起因。

当时唱片出版得很慢，环球唱片风靡音乐大都依据《钱柜》杂志的排行榜出版当前最受欢迎的 Top Ten 流行歌曲。我每天听西洋流行音乐节目，再到西门町中华路的唱片行，买环球唱片风靡音乐，但唱片老跟不上本周流行歌曲排行榜 Top Ten 出版。

我会打电话到环球唱片：“请问你们的风靡音乐第 107 集，什么时候出版？”

“还在工厂赶工啊。”

“工厂什么时候能做好？”

“这要问工厂才知道。”

于是跟出版公司借一辆自行车，根据唱片封套背后的工厂地址，从东园街找到西藏路，花了将近一个小时。

到了工厂，问工人：“请问环球唱片风靡音乐第 107 集，什么时候会做好？”

工人说：“应该下星期三吧。”

到了星期三我又跟公司借自行车，再到工厂问工人：“出版了没？”

工人说：“还没。”

虽然来去路程得花一两个钟头，但我乐此不疲，不以为苦，因为只要能提早一天买到我爱听的流行音乐就值回票价。

热爱好莱坞电影

小时候到员林教堂上道理班时，柯神父常常带我们去看电影，我从很小便养成爱看好莱坞电影的习惯。

刚到台北时只要一有机会我便去看电影。当时电影票很便宜，只是有些戏院条件很差。记得曾在空军新生社花 3 块钱，看法国明星阿兰·德龙主演的《洛克兄弟》与意大利古劳迪娅·卡汀娜主演的《手提箱女郎》，电影散场时，走到外面阳光刺眼，我一阵晕眩，因为已经在昏暗的电影院足足看了五个钟头了。

第一次看费雯·丽主演的《乱世佳人》是一场灾难。在观众挤爆的南阳戏院，我两只脚摇摇晃晃地站在椅子扶手上，双眼穿过黑压压的人头空隙，努力朝银幕盯了一个半钟头，在郝思嘉啃了几口马铃薯，高举右手向上帝呐喊“我发誓，从今以后永远不再饿肚子了”的声音中，字幕宣布半场休息 10 分钟。

观众如释重负，松了一口气，纷纷跑到厕所解决问题。

接下来的第二个问题是：自己是否还有足够的勇气继续看《乱世佳人》的下半集？当时我发誓：“从此再也不上南阳戏院看电影。”

后来跟台南帮漫画家合租住在一起，才跟他们一起看香港邵氏影业出品的《故都春梦》《秦香莲》或胡金铨的《大醉侠》等国产片。

义明出版社时期，有位来自虎尾的漫画家名叫翁泉芳，他跟我一样也喜欢看好莱坞电影。我们为了看尽所有的外国片，还一起远征树林、板桥、三重、士林等地区，去看原本遗漏的一轮院线所上演的旧片。

记得有一次看了柯克·道格拉斯主演的《海盗》，看到维京海盗掠夺后回到基地，大口喝酒大块吃肉的庆功场面，我被其中情境感动，花十张电影票价钱买了两只烤鸭回家，学他们一样拎起一只腿肉大咬一口就往身后扔掉的豪情。虽然很畅快，但其实光是烤鸭一点也不好吃。

我也曾跟翁泉芳比赛，一个月内看谁电影看得多，要拿回票根做依据。

我看了 24 部，以为会赢，但他却 28 部，我输了一场首轮电影的赌注。

无限疯狂

我当时画漫画也很疯狂！有一次跟翁泉芳比赛看谁画的速度快，我悄悄到附近小旅馆租了一间一天 20 块钱的小房间，画了两个通宵，然后带着画好了的 150 张画稿回来，赢回一张电影票赌注。

几十年来直到今天，我还一直保持着年轻时疯狂投入的习惯，对自己所关注的事物，聚焦似的全力以赴。对于跟自己无关的事物除了概略知道，都失焦予以忽视，而这个习惯也使我深觉获益。

我们的心，像是一个功能优良的摄影镜头，好的镜头可以精确无比地对准所要拍的对象，令前景背景失焦，凸显主体目标。

无论我们做什么，能有多大的成果与收获，完全要看我们投入得多深，聚焦得多准。无限疯狂才能达成最大的聚焦能力，向无限深处投入，让内心的热情继续燃烧，才会抵达成就的临界点。

无限疯狂地投入，我们才知道所投入的对象和自己的底线，到底自己有多爱。更重要的是让热忱燃烧到临界点之后，工作再也不是工作，不需要毅力，没有苦与累这回事，有的只是无限积极。

这就是我年轻时学会的一件事，也受用到今天。

我漫画中的主角大联欢

我的人生中，很少有迷茫度日的时候，即使在最该迷茫的青春里，我也目标清晰

第四章 当兵日记

命运不写在脸上，
不写在掌上，不写在星相上，
命运掌握在心中的那股意志上。

台湾地区年满 20 岁的男人必须服兵役，除非没通过体检。早期一个男人没当过兵便讨不到老婆，因为身体必有隐疾，没有人敢嫁给他。

我满 20 岁前，父亲在乡公所代我抽签，他问我：“你喜欢当空军、海军还是陆军？”

我说：“我喜欢当空军。”

父亲果然帮我抽到概率只有九分之一的空军。父亲跟兵役科长很熟，不知道有没有作弊，如果当初我想当海军，父亲大概也会刚好抽到海军吧！

空军必须服役三年，原本应于1968年9月19日入伍，我请父亲问乡公所兵役科长："迟几天入伍有没有问题？"

父亲问了，告诉我："晚一个星期报到，应该可以。"

9月26日早上，兵役科长亲自带我搭火车到虎尾空军新兵训练中心报到，连里的新兵都列队在大操场跑步报数"1——2——1"，"1——2——3——4"。

连辅导长拿了一张新兵个人资料A4表格要我自己填写，写到一半，我跟辅导长报告："请给我一张A4白纸。"

辅导长问："要A4纸干什么？"

我说："我出版了200本漫画书，表格个人著作栏太小写不下。"

辅导长知道我是漫画家，便留我在连辅导长室画墙报，将近两个月的训练中心生活，都没到操场出过操。

9月28日孔子诞辰纪念日

10月6日中秋节

10月31日蒋公诞辰纪念日

11月12日孙中山诞辰纪念日

11月19日空军新兵结训日

画完这些节日的墙报后，我也跟大家一起结训了。

紧接着抽签分发，我抽到高射炮兵40炮营，必须先到台北三重市高炮补充兵营受训两个月之后，再分发到高炮营。

到台北三重补充兵营报到之后，我问补充兵营老兵："分发到40炮营，未来日子怎么样？"

老兵说："高炮部队必须台湾、金门、马祖三处轮调。40炮营每班七个人戍守一座阵地，其中五个充员兵必须每天轮流站岗。"

我说："哇！听起来不太轻松呢。"

一两年前，年纪大一点的漫画家比我早当兵，放假回出版社时，我问他："当兵苦吗？"

他说："因为会画漫画，在军中从事画画工作，所以日子过得很轻松。"

他的说法，让我误以为军中有专门画画的单位，心想：我这么会画画，怎能大材小用，每天站岗五个小时！

高炮补充兵营星期四休假，每逢休假我刻意穿军服，带着作品到有关画画的军中单位，请他们将我调到画画岗位。

军中杂志《胜利之光》的编辑说："你画得很好，可惜我们单位太小，无法替你申请机调。"

空军总部作战部说："目前我们不需要，你到高炮司令部试试。"

高炮司令部政治作战处说："我们这里没有，不过听说后勤处正在找画画人才。"

我到操场对面后勤处办公室，进去："报告！听说后勤处需要画画人才？”

我将作品递给上校处长崔春霖，崔处长边看边笑：“我们需要的是画工程图的建筑师，你会画建筑工程图吗？”

我说：“不会画。”

崔处长说：“不过，你真的画得很好，结训后，直接到高炮司令部向我报到。”

此后三年，我便留在台北机场防空炮兵司令部后勤处，没分发到部队去戍守金门、马祖。但我在这期间，替防炮部队画了三本《图解细部零件分解与维护》书，并将三本书出版分发给每一位防炮官兵，对军中的贡献总好过在阵地站 5475 小时的卫兵。

自学大学美术课程

由于在高炮司令部我负责的职务很轻松，我决定自学美术设计，当兵退伍之后不再画漫画，改行到广告公司当美术设计。

画漫画和美术设计都需要有绘画基础，差别只在于要达到的目的不同而已。

从小我便养成自学的习惯，想学大学美术课程不用到大学旁听，而是买了很多关于西洋美术史、中国美术史、色彩学、设计色彩计划、错觉艺术及包豪斯设计学院用书，自己研究中西美术史与现代设计艺术。我边看书边勤做笔记，从希腊罗马时期的拜占庭艺术，到威尼斯画派、浪漫画派、印象画派、唯美主义等，其中我最

我一直觉得技多不压身，任何时候，多学一点都是赚了

喜欢的艺术家是米开朗琪罗和拉斐尔，我最崇拜的艺术家当然是毕加索。

中国美术史从顾恺之的人物画到张大千的泼墨山水，有时也会临摹梁楷、吴道子、扬州八怪等人的画作。中国山水画中的留白令我着迷，用空无表现意境，对日后我画漫画中国诸子百家系列有很大的帮助。个人最喜欢的画家是梁楷、八大山人，最崇拜的画家是南宋径山寺画僧法常（牧溪），他的禅画影响了几百年来的日本画坛。

申请了一张图书馆借书证，我便常到图书馆一楼看书。好大好大一本册页图录，里面有卢沟桥石墩上几百只造型各异的石狮子，令人震撼。夏日炎炎，于植物园的蝉鸣声中，我也在一楼阅读厅睡过几次舒服的午觉。

当兵自学大学美术期间，我尝试画了很多欧普海报、副刊插图、刊头，并将这些作品集合成一大本个人图录册页。

当时在《联合报》副刊画插图的是凌明生，我觉得自己画得比他还好，便很自信地跑到忠孝东路联合报六楼投稿，当时副刊主编是皇冠前社长平鑫涛先生。平先生看了看我的作品，没说什么，丢给我三篇文章要我当场完成这三张插画。我下楼走到永吉路文具店买了蘸水笔、细卡纸和墨水，再上联合报六楼完成工作。此后断断续续为《联合报》副刊画了几十张插画，但平先生还是把大多数插画交给凌明生。

接着我又到中华路中华日报社二楼，跟副刊主编投稿插画，九歌出版社社长蔡文甫是当时台湾《中华日报》的副刊主编。从此我持续替台湾《中华日报》副刊画了几年插图。

光启岁月

第五章 | 光启岁月

每个人都能厉害一百倍，
只是自己不相信。

匆匆过了三年当兵的日子，我怕退伍后失业太久，退伍前半个月便开始看报纸广告栏求职，一面试便当场通过，并要求第二天开始上班。因为不敢说自己其实还没退伍，我只好开始上班，跟漫画家卢安然当同事，在国艺广告公司当美术设计 10 天，负责设计第一百货公司广告。为了回部队办理退伍手续，只好跟国艺广告公司辞职。

退伍后，接到文昌时代的好朋友陈正典的电话，邀请我跟他一起在华美建设公司上班。当时正逢台湾经济起飞，台北到处在盖 12 层以上的大楼，建设公司是当时的新兴行业，我欣然同意。

1971年10月1日，我到华美大厦附设的中美超级市场上班，负责中美超级市场的美术设计，月薪4600元。工作很轻松，平常要设计海报、广告和内部陈设等，主要是配合超级市场的活动。

华美建设有很现代化的自助餐厅，提供员工午餐和晚餐。待遇、福利很不错，同事年轻有朝气。虽然待遇不错，但我不愿意当超级市场美术设计一辈子，于是每天下班回家后，常翻阅报纸求职栏，希望能有其他的工作机会。有一天忽然看到“光启社”三个大字，立刻眼睛一亮：

光启社征求美术设计大专相关科系毕业，两年以上工作经验。（男）役毕。

三个条件中，我只符合“（男）役毕”这项，另外两个条件，就离得相当相当远。

光启社是历史悠久的天主教文教视听节目服务机构，制作广播、电视节目、广告短片、纪录片等。取名“光启”是为纪念明末耶稣会教士利玛窦的好朋友基督徒徐光启，期望获得天主之光启迪之意。

我知道光启有电视、电影、动画、广播、广告部门，在光启社上班应该可以学很多东西。

第二天，趁中午休息时间，我带着一大本作品册页，跑到距离华美建设500米左右、只隔仁爱路圆环的光启大楼门厅，跟柜台小姐说：

“我想见你们老板。”

“我们这里没有老板。”

“那么我找光启社负责人。”

“光启社负责人是鲍神父，他是总干事。”

“那么我找鲍神父。”

“现在中午休息，他一点半才上班。”

我便到三楼总干事办公室门外的沙发等到一点半，终于见到鲍神父。

我开门见山地说：“我是天主教员林教区教友，虽然我不具备大专相关科系毕业、两年以上工作经验的资格，但这是我的作品，请让我有机会参加光启社美术设计应征考试。”

我把作品递给他，鲍神父翻阅作品册页，眼睛一亮，高兴地说：“好，10 月 24 日星期天下午一点半，我们举行美术设计应征考试，欢迎你来参加。”

10 月 24 日下午一点半，我急忙赶完工作，来不及吃午饭，便跑到光启社参加考试。三楼考试会场大约有 30 位考生，五点之前要完成的试题很多：

1. 依剧本设计农村布景

2. 依剧本设计歌舞舞台

3. 依剧本设计片头美术字

4. 依文章选择画两张插图

5. 电视字幕 IV 卡设计

到了五点，我最后一题还没画完，监考官也没严格催促考生非交卷不可，大约晚了10分钟我才交卷。看了其他应考者部分作品，我觉得自己胜算很大。

我充满自信的主要原因是我知道：只要鲍神父总干事看了我的作品便会录取。

退伍之前，为了日后应征求职需要，我制作了一本很厚的作品册页，里面有我出版的200本漫画简介、为台湾《中华日报》副刊画了两年的插图剪贴、设计印刷完成的书本封面与唱片封套、报纸黑白稿广告、海报等，琳琅满目，主考官一打开就像看到一本会发光的简历一样无以言喻。

果然几天之后，鲍神父的秘书杨盖拿着一张明信片，跑到华美建设办公室找我。杨盖说："原本我打算走到仁爱圆环寄这封录取通知书，但看到华美建设就在前面，所以亲自拿上来给你。"

我说："谢谢你，什么时候去上班？"

杨盖说："还需要再跟鲍神父见面，洽谈薪水问题。"

我说："现在行吗？"

杨盖说："好，我们一起过去。"

到了光启三楼，鲍神父说："恭喜，欢迎你到光启社上班。"

"谢谢。"

"你希望的待遇是多少？"

"薪水多少都行，我无所谓。"

"好，就从月薪2900元开始。"

“谢谢鲍神父。”

鲍神父不知道我原来的薪水是4600元，加上吃饭不要钱；鲍神父更不知道其实薪水0元我也愿意来上班，因为我想进光启，为的是要学习。

此后，我便在光启社上班超过五年，也在这里学会动画，在这段时间谈恋爱，在这段时间结婚，在这里改变我的命运。

在军中，抽到高炮部队，带着作品四处应征，设法使自己调到司令部从事画画；虽然条件不符，自我要求到光启社参加求职考试。从这两个实例，我发现：

人可以凭自己的意志，改变命运。

我一介布衣，毫无人际关系。面对人生永不妥协，不肯听任命运安排，走出自己的路，可能是我天生有块逆骨，是我与众不同之处。

上班的忧患意识

1971年11月11日星期四，我结束上班40天的中美超级市场美术设计，到光启社上班，被分配到业务部，负责画商业广告影片故事版。

我数学很好，也保持随时记账的习惯，每个月我都计算自己到底为光启社接了多少工作，创造出多少业绩。

好惨，好惨，连续半年，业绩连自己的薪水2900元都没达到。完了，完了，连薪水都赚不回只会有一个下场，便是随时都有可能被开除。

于是我常常到地下室，请电影部的同事陈清正教我如何使用 16 毫米放映机放映电影。陈清正教得很高兴，因为很少有人对放电影有兴趣。

后来他又陆续教我如何使用卡通专用摄影机、如何做卡通摄影，接着我又学会了冲片的方法。

这段时间，我除了学会动画摄影、影片剪接、冲片，也自学变纸牌魔术，技术神奇到能上舞台表演；还学会开车考下驾照，平常则替西班牙来台的梁神父画幻灯片文件。此后，我的忧患意识才减轻了一些。

心想：如果工作丢了，我可以去电影院放电影，或当私家轿车司机，或在街头表演魔术混饭吃。

晚上回家还跟以往一样兼差画台湾《中华日报》的副刊插图，后来又到位于台视后面巷子的《电视周刊》应征插画，跟总编辑梁光明谈好：每个星期六下午到《电视周刊》编辑部画《小煤球周记》插画。

恋爱季节

我生性害羞，有如李碧华所称：腼腆、害羞得匪夷所思，像是濒临绝迹的稀有动物，需要立法保护。其实李碧华不知道，我外表非常羞涩，内心却自信强大得无与伦比。

那时有一位跟我合租房子的初中同学李隆东，上文化大学经济系夜间部，白天在震旦行上班。

有次星期六下班，李隆东说：“今天我们公司来了一位名叫李紫锭的新同事，长得非常漂亮。”

我说：“你赶快追啊！”

“不行，她跟我同姓。”

“我还看过同姓结婚呢，有什么关系！”

“我奶奶有交代，不能跟同姓交往。”

“好吧，那么我来追。”

“你那么害羞，怎么追？”

“放心，我不必亲自出马，略施手段一定能追到手。”

十六七岁在跟范万楠等四个人同租房子一起画漫画时，我便看得很清楚，女人跟男人虽然都是人，但其实是不同物种。

女人跟男人不一样，难以理解，不能站在男人的立场思考女人，同样地也不能站在女人的立场思考男人。

当时我们虽然是漫画家，但没有觉得漫画家身份有多了不起，洗衣店新来一个美丽的柜台小姐，或菜市场新来一个漂亮的水果妹，四个人中有人宣称要追，我们便让他去送洗衣服或买水果。

大家在旁边替他说好话：“他漫画画得最棒，赚钱最多啦！”

我发现女人很死心眼，如果女人不太喜欢正在追她的那位男生，而喜欢另一位时，好话说尽都不行。

男生的情况则不同，四位女生中一位倒追一个男生，时间久了男生会接受，虽然他其实比较喜欢另一位女生。

在光启，我是郊游的热衷分子

当时我就知道一个事实：

一群男生要追一群女生中的其中一位，证明自己是这群男生中最厉害的，没有用，女人不吃这一套！

应该反过来，用聚光灯照这个女生，照久了，她便全身虚脱，失去抵抗力。

李隆东说："我听不懂你的神秘理论，具体你要怎么做？"

当时玫瑰一朵一块钱，我给李隆东100元和7张写着秀气字体的Black Tulip（黑色郁金香）紫色小卡片，请他星期一上班前交给震旦行旁边长安东路与中山北路交叉口的花店，要花店每天早上九点整送12朵玫瑰给李紫锭小姐。

前三天无事，星期四下班回到家，李隆东很兴奋地说："搞定了，你跟我，还有李紫锭和另一位公司里的小姐，四个人明天六点在日新戏院门口碰头，一起看西班牙歌唱电影《唱吧，太阳！》。"

我问："发生了什么事？"

李隆东便详细地说明这几天的过程：

星期一：收到12朵玫瑰，她整天在想送花的会是哪一位。

星期二：又收到12朵玫瑰，其他女同事悄悄问她，她也一头雾水。

星期三：又收到12朵玫瑰，女同事们暗中商议，大家合作追查送花的"黑色郁金香"到底是谁。

星期四：早上九点，李隆东大概偷看门口被发现了，女同事们包围了他，要他招认自己就是送花的人，他只好说出真相，送花人是初中同学蔡志忠。李紫锭当场要求李隆东载她回我们的租屋处，她独坐我的书桌良久，然后再回公司上班。

因为每天早上九点收到 12 朵神秘玫瑰：

第一天，被神秘玫瑰弄得心神不宁。

第二天，已无心上班，吃不下饭。

第三天，苦思谁是“黑色郁金香”而失眠。

第四天，知道谁是“黑色郁金香”，更想亲眼瞧瞧这号人物。

所以要了解女人，就要懂得她的心；要获得女人的注意，要从她的心开始。

当然本人从神秘中现身时，自己条件也不能差得太远。

后来我跟李小姐约会过几次，最后大家各有对象而分手。李紫锭小姐美丽又善良，祝福她有个美满的好归宿。

水葫芦姻缘

从 15 岁北上到我买第一套房子之间，我在台北一共住过 27 个地方，有时住在漫画出版社，有时跟朋友合租房子，曾在延吉街 18 号 2 楼跟滚石老板段钟潭他们合租过一段时间房子。

段钟潭比我还厉害，大学还没毕业，20 岁不到，便在中华体育馆举办大型演唱会；念台湾政治大学硕士时在台大对面开 900 平方米的滚石餐厅，还创办《滚石》杂志和滚石唱片公司。滚石唱片培养出来的当代流行歌手如李恕权、罗大佑、李宗盛、周华健、伍佰、五月天等不计其数，影响亚洲流行音乐30年。

后来我又跟几位同事在华视后面小铁道旁合租一栋小小的花园别墅。

4月的春天，铁道两侧洼地水池长满了紫色的水葫芦（布袋莲），每天清晨出门采集，用水葫芦装饰整间屋子，还剩很多水葫芦，我便带到办公室。

我进光启社时，光启社的员工都很年轻，六十几位同事只有几位年纪大一点的员工成家，大部分同事年纪二十三四岁，听说有两三对隐秘地交往，没人知道是哪两三对。

光启社最年轻的女导播名叫杨婉琼，每次办假日登山活动，她都以到南阳街英文补习班念托福的理由不参加，并常有意无意地透露自己有位在美国留学的男朋友。光启社的男同事们没人敢追她，大家便怂恿我去挑战这个不可能的任务。

有一天早上九点整，大办公室女生们都上班坐在桌前时，我手持好大一束紫色水葫芦走进导播、助理导播办公室，把花插在杨婉琼的桌上，在当时这是公开示爱的行为。女同事们个个都很诧异，看似腼腆害羞的蔡志忠，怎么突然变得这么大胆?

其实我早已思考过前提与后果，我个人认为偷偷跟女生暗示自己喜欢她，是很逊的行为!

在众人面前公开献花，极有可能被对方当场把水葫芦丢进垃圾桶，

我外表非常羞涩，内心却自信强大得无与伦比

然而这一定是我的失败吗？那可不见得，很可能是她有眼无珠，要看她最后嫁给谁。

如果确信自己是对方一生中能选到的最大的一颗石头，对方不接受，失败的反而是她自己，想追却不敢行动才是我的失败。

第二天早上九点，再送一次，第三天又送一次，连续送三天水葫芦，公开示爱成功，她开始跟我约会。

恋爱谈话大纲

曾听人说过："男人跟女人不同，男人是视觉动物，女人是听觉动物。"

有个男人问智者："如何才能了解女人？"

智者对他说了一个故事：

> 一把大榔头奋力打一个大锁，打了好半天还是打不开锁。
>
> 这时一根小钥匙叮咚叮咚轻快地跑来，钻进锁孔轻轻一转，大锁就打开了。
>
> 大榔头很惊奇地问小钥匙说："为何我费了那么大力气也打不开，而你却能轻松打开呢？"
>
> 小钥匙说："因为我懂得她的心。"

智者说："懂得女人的心，才能了解女人。"

男人问："如何才能弄懂女人的心？"

智者说："赞美她引以为傲的优点，倾听她所讲的每一句话。"

男人又问："为何要倾听她说的每一句话？"

智者说："倾听才能真正了解她的心。"

女人跟男人是不同的物种！

女人要什么不会自己说出口，而是要男人主动为她做。

如果女人要一杯咖啡，你只送来咖啡，而没加一块巧克力蛋糕，你就是呆头鹅、死木头。

有人误以为花言巧语才能获得女人欢心，其实用心倾听效果要好过花言巧语。

我做事计划周详，谈恋爱也不例外。每次约会前，我会准备小纸条，用心写上 10 个话题放在口袋。约会时先提出第一个主题，静静倾听对方诉说。没话题时，再偷看一下纸条，带入下一个话题，让她倾诉自己。

如果没有，就表示爱得不够。交往 5 年后，有一天，她爸爸突然对我说："请你家长到台南来提亲吧！"

1976 年 5 月 22 日星期六，我跟光启社最年轻的女导播结婚，她便成为女儿蔡欣怡的妈。

动画《封神榜》

过去，光启社曾派赵泽修到美国迪士尼公司实习一年，赵泽修回

在光启，我与女导播杨婉琼喜结良缘

台后制作了台湾第一部动画片《龟兔赛跑》，光启社是当时台湾唯一有能力制作动画片的单位。

我到光启社时，赵泽修早已移民美国，只剩下一些发臭的卡通颜料、卡通打洞机、动画定位板、动画专用摄影机和地下室一部由美国运来的很大很重的动画摄影台，社里已经没有人会画卡通了。

但台湾的动画产业，却刚好在这段时间兴起。我当兵之前，由于被刻意打压，出版漫画要到编译馆送审，经过百般刁难之后取得出版执照，才能印刷发行。出版社经不起长期亏损纷纷倒闭，漫画行业早已没落了。

刚好日本兴起漫画改编为电视动画卡通，日本广告公司电通社跟台湾广告公司合作，在敦化北路成立“影人电视电影公司”，派日本动画导演到台北培训动画人才，很多漫画家便转行改画动画卡通。

台湾中华卡通因曾于 1972 年拍摄《中国文字演变》卡通片，获得当年最佳动画短片金马奖；在颁奖酒会上，香港南海电影公司投资台湾中华卡通 400 万台币，决定拍摄台湾第一部长篇动画电影《封神榜》。

1973 年 3 月，台湾中华卡通老板邓有立到光启社找我，请我画《封神榜》的人物造型与动画故事版。由于自己也想学卡通，我欣然答应，以很少的报酬接下这份工作。

文字剧本由香港导演申江负责，从此每逢星期六中午，申江带着刚写好的剧本从香港飞来，跟我在延吉街口的川菜餐厅一起吃饭，讨论《封神榜》的剧本情节，我再分镜画成可以制作动画的故事版。

这年 7 月 20 日，超级红星李小龙在香港过世，在不怎么尊重著作权的年代，香港资方强烈要求把剧中人物杨戬的卡通造型改为李小龙，希望有助于电影票房。这段时间，我常常骑着野狼125摩托车到南港福德街台湾中华卡通公司交稿，常听动画师们夸口“我的日本动画老师如何如何厉害”。

我总是回答：“你的日本动画老师再怎么厉害，也比不上迪士尼厉害。”我认为全世界动画技术最厉害的就是美国迪士尼，要学习就得从迪士尼学起。

自学动画

画完《封神榜》故事版之后，我想自己学卡通，便跟鲍神父商量，希望让我使用动画摄影台。

鲍神父说：“好啊，不过赵泽修已经走了，你怎么学卡通呢？”

我说：“我自己学，下个月你去美国时，帮我买几卷迪士尼卡通片。”

鲍神父不知道我有一个专长，就是自学能力超强。很早我便知道学习的要领就是及早学会自学的能力，并自发性学习。

森林里有一则教学的故事：

> 智者猫头鹰教导蚊子、蜈蚣、蛇、风四位学生。
>
> 猫头鹰说：“各位同学，由A到B最短的距离是直线，老师先走一遍给大家看。抬起右脚，跨出去；抬起左脚，跨出去。一、二，一、二，于是便从A走到B了。”

蚊子说："我虽然有三对脚，但抵达目的地最好的方式是用我的翅膀飞过去才快！"

蜈蚣说："我有几十对脚，无法同时抬起几十只右脚、几十只左脚啊！"

蛇说："我没有脚，该如何走？"

风说："我连形体都没有，哪来的脚？"

我们知道老师只是提供老师的方法，每个学生要自我发现自己的特长，而非模仿老师的方法。用自己的方法达成老师所说的目标，这样才能青出于蓝，更胜于蓝。

三个月后，鲍神父从美国为我带回《小鹿斑比》《动物足球大赛》两卷 8 毫米的迪士尼卡通影片，我便开始自学动画卡通。

跟公司借了一台幻灯卷片机，回家把它固定在天花板梁上，让影片通过幻灯机投影到桌面，8 毫米影片的画面刚好放大到 A4 纸大小。

再以卡通打洞机打过洞的 A4 白纸，固定于桌面定位板上，让影片投影落在白纸上，就能把整部卡通影片一格一格描下来。用这个方法，我把当初摆在迪士尼桌上的动画原稿，通过迪士尼卡通影片与幻灯机，转到了我的桌上。

我在一格接着一格的描绘中，学到了迪士尼卡通怎样表现各个细微动作、分镜的技巧、原画与原画之间要画多少张动画、每一张动画拍成几格；抓住重点，其他的简单动作就不成问题了。

整整两个月，我一下班就回家描绘迪士尼卡通影片。有一晚描到十一点，打洞的A4卡通纸用光了，我二话不说跳上摩托车骑到光启社，压根没考虑到是否叫得醒门卫——70多岁的老刘。还好他迷迷糊糊地来开门，诧异地问我：“发生了什么事？这么晚了。”

我说：“我忘记拿重要的东西。”

老刘带我走上三楼办公室，我拿了一沓打好洞的动画纸，又骑摩托车飙回家描绘到深夜。

后来我自己开卡通公司，曾在教学中跟公司员工提过这段经历，有位员工听后说：“我家住泰山，比新店远多了。”

我说：“错了！关键在于是否想一鼓作气学会，跟路程远近没关系，如果不想画，就算纸放在隔壁房间，也懒得去拿！”

当我描完《小鹿斑比》《动物足球大赛》两卷8毫米迪士尼卡通

《傻女婿》连续剧动画片头

影片，从描绘出来的3000多张动画原稿，仔细分析动画原理，这时我自知应该是全台湾最懂得动画的人了。但现在关键的问题是：什么时候有机会拍一段动画来证明自己？

制作卡通片头

当时光启社是台湾电视公司三个闽南语连续剧制作方之一，每一季都要向台视提出新连续剧企划案。

星期六下午鲍神父从台视开会回来，我急着问他："鲍神父，通过了没有？"

鲍神父说："通过了。"

我说："我替这档连续剧制作动画片头，保证会很轰动。"

"你已经会制作动画了？"

"是，动作一定胜过之前的《龟兔赛跑》。"

"距离播出只剩一个星期，你做得完？"

"保证行，如果没做完，你开除我！"

"好吧。"鲍神父半信半疑地答应了，尽管他不太相信。

哈哈！终于有机会拍连续剧动画片头来证明自己了。此后四天，我天天加班通宵，几乎没睡觉，第五天拍好4分钟动画，配上原先录制好的主题曲，效果比自己预期的还好。节目播出后，有趣又有创意、风格清新的卡通片头果然大受好评。

从此两三年内，光启社所制作的《小鱼吃大鱼》《傻女婿》《青蚵嫂》三部闽南语连续剧都由我制作卡通片头，此后我便成为台湾最著名的动画导演。

创立远东卡通公司

此后，经常有广告公司打电话找我，要我替他们制作动画广告。我正考虑是否离职专心制作动画时，刚好有一位从前的漫画家朋友谢金涂来找我，希望大家一起合作创办动画公司。我接受他的邀请，共同创办“远东卡通公司”，两人股份各为50%。农历过年前，我离开上班六年的光启社，迈向人生第一次创业生涯。

1977年2月22日新春初五，远东卡通公司正式成立于庄敬路222号3楼，刚开始公司员工一共14人。当时台北还有四五家只有两三位员工的工作室也经营动画广告，由于规模太小，制作出来的动画常被客户修改，远东卡通公司成立之后，这几个小公司便有如序言中所说的兔子：

> 兔子吃草，狼吃兔子。狼是无恶不作的大坏蛋吗？不！狼淘汰不够水平的兔子，确保兔子不会繁殖过多吃光草原，乃至大家都饿死，狼扮演生态平衡不可或缺的角色。

那时候制作动画一秒钟600元，我们跟行情一样，也收600元。小工作室承诺10天交稿，我们只要3天便能完成；小工作室交稿后

我与远东卡通公司员工合影

客户不满意，我们却制作出台湾第一流水平。

因此远东卡通公司成立之后，这四五家小工作室纷纷倒闭，经营不下去。当时我想通了一些人生真理——

1. 首先要选择自己最拿手、最喜欢的事物，然后把它做到极致。如能达到这样，无论我们做什么，没有不成功的！

2. 当我们做出来的效率比自己所期待的还高，就会更高；效果比自己所期待的还好，就会更好。如此一来便能越做越快，越做越好。

3. 于是所完成的东西便能达到：成本最低、效率最高、质量最好。

如能达到以上三点，无论我们从事哪一行，同行中就再也找不到竞争者了。反之，没有效率则没有数量，没有数量就没有经济规模，无论做什么事都不容易成功，也会亏钱。

狼，是为了淘汰不够水平的兔子而存在的。

狼的出现，让不够水平的企业无法生存。

悟通财富的定义

但也由于自己的私心，乃至陷入人生第一个困境。

客户委托制作动画广告，当然希望越快完成越好。

A 客户说：“这件工作 3 天后要交稿。”

我说：“好好好。”

B 客户说：“这 20 秒广告，你必须先赶工替我做，不然我得找别人制作。”

我答应他：“好的，好的。”

当时我心胸不够宽广，不想让他们把工作转给那四五个小工作室制作，所以一律答应客户的要求。

C 客户说：“这个动画广告，你 5 天内必须完成。”

我也答应他：“好的。”

我明明知道这个时间根本赶不出来，但又不希望他们把影片交给别家制作，只好勉强答应。

我一向对自己的工作效率很有自信，但工作越接越多，一年下来，已经积压得喘不过气来，每个案子几乎延迟两天才交得出影片。长期精神紧绷状态下，压力大到几乎要疯掉，甚至想结束生命！

下班后大家都走了，公司里只剩下我一个人加班，手上有四五件案子没完成，都是答应客户今天要制作完成交稿的。

我继续赶工，继续、继续工作。

丁零零！电话响了。

瞄手表一眼：“6 点半！这是影响电视电影公司来要片头的。”我没接电话。

过一会儿，电话又响了。

将近 7 点，是映象公司来催摩卡咖啡！

过不到10分钟，电话又响起来，这应该是联广的陈小姐，我欠她一个15秒的广告。

电话放在我座位的左后方，那一晚，它不断地响起。看看时间，我都能猜出会是谁打来的，我自己很清楚曾答应哪位客户交片的时间。

我没有接其中任何一通电话，任由铃声去响着，响着，响着……

我站在落地窗前，对着台北的天空思考：

我做得这么忙，到底为的是什么？

我一天只花100元，为何要赚3000元？

到底要赚多少钱，才算有钱？

于是想通了一个事实：

财富多寡，要视欲望而定。

如果欲望无穷，钱再多也不够用，

死拼一辈子，也不能算是有钱人！

只要口袋里的钱足以购买欲望，

就是有钱！

只要欲望大过自己的财富就是没钱！

想通这个道理之后，我豁然开朗，便把工作放着回家睡了一个好觉。

第二天一到公司，开始一个接一个打电话给客户。告诉对方交片时间，如果嫌慢请交给别家做，我无所谓。

我诚恳地说："我无法胜任这么大的工作量。积压工作，是因为之前配合你们的要求，希望你们现在配合我，我会尽快消化掉囤积的工作。"

客户们都能接受我的说法，乐意再等几天。从此我化被动为主动，依正常的工作天数接案子，更用心拍好动画。公司制作水平比以前更好了，也赢得了更好的口碑。

没有困境，便没有顿悟！

陷入困境，我悟通了财富的定义。

小公司更容易创新

动画制作环节，需要描线着色在透明赛璐珞上，描线需要线条熟练又很花时间，所以我们试着看能否用复印机转印。公司旁边刚好是台北医学院，学校周边有很多影印店帮学生影印讲义，店里的复印机是跟全录公司租的。

我们带着动画原稿和赛璐珞胶片，跟影印店老板说："如果能影印在赛璐珞胶片上，将来会有很多人来这里影印。"

老板看大生意来了，通常都会让我们试印。然而因为温度过高，胶片弯曲或卡在复印机里面，其实老板也没损失，只要叫全录公司来修机器就行。

在北医和台大周边试了二三十家影印店，终于找到了一款复印机能影印赛璐珞胶片，温度不高，胶片就不会弯曲不平，影印时胶片也不会卡在复印机里面。

我们便以这款复印机影印赛璐珞，此后我们所制作的动画便少了描线这道工序，速度更快、成本更低。

消息传出去，专门替美国迪士尼加工的宏广动画也学我们，后来听说美国动画公司也以复印机扫描赛璐珞。全世界首创以复印机代替描线，是来自我们这家只有十几位员工的小动画公司。

如果不是以这种复印方式，2013 年日本吉卜力工作室高畑勋导演的《辉夜姬物语》，整部动画便无法以动画师 2B 铅笔原稿线条呈现。

如同个人计算机是乔布斯在车库打造的，而不是超级计算机公司 IBM 所创新出来的，所以小公司不要妄自菲薄，因为小公司可能更容易创新。

大冢康生

我上初中时才第一次看到动画片，但不是迪士尼的《白雪公主》，而是日本制作的《白蛇传》，导演就是大冢康生。

大冢康生是日本第一代动画导演，曾担任《未来少年柯南》《白蛇传》《西游记》《鲁邦三世》《太阳王子》《少年猿飞佐助》《福尔摩斯》等动画片的作画导演或原画师。

有一天，大冢康生有个机缘到我们公司参访，我很兴奋地接待他，参观完之后，我请教他：“请问，一部动画电影应该如何演出？”

大冢康生在黑板上画了一条线，其中有三个大小不同的山峰，第一个山峰中等，第二个山峰比较小，第三个山峰最高最大。

大冢康生说：“制作一部85分钟的动画电影大约需要画30000张动画，但动画张数并不是平均分配于整部动画电影的85分钟里面。”

大冢康生指着第一个山峰：“例如《西游记》第一个高潮是大闹天宫，由第二厉害的原画师负责，用5000张动画处理第一段高潮。”

他又指着第二个山峰：“第二个高潮是金角银角，由第三厉害的原画师负责，用3000张动画处理这段小高潮。”

接着指着第三个山峰：“最后高潮是火焰山决战牛魔王，让公司最厉害的原画师负责，用10000张动画处理最后高潮。”

大冢康生说：“这三场戏虽然只占35分钟，但要画18000张动画。另外50分钟用其余12000张动画来完成。动之前先要不动，好看之前先要不好看。”

小时候我常看电影，小地方的戏院都不清场，买了票直接进电影院，所以都从中间看起，电影结束，等下一场开演的空当，我会想：影片到底是怎么开头的呢？

影片开演后，知道故事怎么开场，我会边看边想：由故事开场，到刚刚已经看完的后半段，中间到底怎么接啊？发生了什么情节呢？

以这种方式看电影，不怎么精彩的电影也会变得比较好看。

专业导演大概也懂得这个道理，因此才把中间最好看的剧情先剪到片头，便是电影的蒙太奇。

大冢康生说："一部动画电影好不好看，影片开场很重要，要设法出人意表，令观众震撼。影片卖不卖座，最关键在最后20分钟。"

还没拍过动画电影之前，能听到大冢康生这席经验之谈，获益匪浅。

后来我到日本买动画彩色原料与赛璐珞胶片，曾乘车到东京高丹寺大冢康生所主持的动画公司找过他几次，当时他们正在制作《鲁邦三世》电视影集，宫崎骏也在那里工作，是该片的动画导演。

大冢康生是个很会生活的人，他除了动画本业之外，还创办军用车辆研究杂志《军用自动车研究志 · MVJ》。

他戴着很酷的西部牛仔帽，身穿牛仔裤、牛仔背心，开着讲究的军用吉普车，载我到东池袋练马区樱花台买原料与赛璐珞，我才知道日本动画材料公司跟手工拉面名店一样，都是世袭的家庭工业。

动画《杜子春》

1980年是联合国国际儿童年，联合国委托日本东京映画制作36部世界童话故事动画片，其中有两部中国童话故事《杜子春》与《纪昌学箭》。

日本动画公司很敬业，自认无能力掌握中国特色，便到台湾寻找能胜任这项工作的动画导演，我们公司是他们第一个考察的对象。

公司成立以来第一次接待日本客户，我们没经验不懂得，又慎重过度，自己先试吃了几家日本餐厅，到机场接机后，便直接把客人载到选定的日本餐厅吃午饭。两位日本客人一进日本餐厅，吃了很不地

杜子春（とししゅん）

芥川龍之介・原作　折戸伸弘・脚色　木下恵介・監修

动画电影《杜子春》海报

动画电影《杜子春》片段

道的日本菜一肚子不高兴。晚宴请他们吃台菜，他们才眉开眼笑地畅快喝起酒来，他们最喜欢大盘又便宜的清炒空心菜，连点了两盘。

看完我的Q版《水浒传》人物造型，两位日本客人喜欢得不得了，一致认为我的作品很有中国特色，当场签约要我替他们制作《杜子春》动画片。由我负责人物造型、故事版、原画、背景，讲定制作时间三个月，总价1000万日元。

原本我以为大部分预算属于23分钟原画，两位日本客人却说："不！是人物造型与故事版占了大部分预算。"

这才知道，日本动画行业专业导演所担任的剧本、人物造型、故事版，占整部动画片总预算的一半以上。

《七彩卡通老夫子》

1979年春天，我接到一个广东口音的电话："我姓胡，我找蔡志忠。"

我说："我就是蔡志忠，请问哪里找？"

对方说："我在机场过境，等我从韩国回程再来找你行吗？"

约好见面时间，一周后，胡先生到公司相会，我跟他走到信义路芝麻酒店一楼喝咖啡。

胡先生递给我一张名片："我叫胡树儒，香港电影公司老板，目前正投资胡金铨导演在韩国拍的《空山灵雨》。"

我问："你找我什么事？"

胡先生说："我问太阳广告张副总，谁是台湾最会画动画的人，张总推荐了你。”

“你想拍卡通电影？”

“是的，我想拍《老夫子》。”

“我也想拍卡通电影，但我要拍童话故事《青鸟》。”

《青鸟》是俄罗斯童话，叙述一位公主和三位王子的故事，小王子一直想寻找那只代表幸运的青鸟。伊丽莎白·泰勒曾主演这部电影，是美苏合作拍摄的第一部影片。

胡先生对《青鸟》不感兴趣，他一心要拍《老夫子》：“《老夫子》漫画在香港、台湾都很红啊！拍《老夫子》肯定有好票房。”

我说：“《老夫子》造型很不好画，我喜欢画迪士尼风格。”

胡树儒说：“好吧，如果你改变主意，再跟我联系。”

胡先生失望地离开了台湾。

隔几天，我跟朋友说起这件事，朋友说：“拍《老夫子》卡通电影一定有好票房，你可以先拍《老夫子》，赚了钱再拍《青鸟》啊！”

我想也是，便打电话到香港，胡先生很高兴地赶来台北，双方谈好整部《老夫子》动画电影的制作费 1097 万新台币，香港电影公司与远东卡通公司各占 50% 股份。胡先生跟我一起决定片名为《七彩卡通老夫子》。

因为《老夫子》是黑白漫画，所以故意强调“七彩”两字。《老夫子》是漫画，所以故意强调“卡通”。

我负责《七彩卡通老夫子》的编剧与故事版，我首先制作电影广告片，如果《老夫子》动画电影的广告无法吸引人，那么写什么剧本

动画电影《七彩卡通老夫子》海报

制作动画《七彩卡通老夫子》

都没有用！先挂上羊头，再设法使片子不是卖狗肉。

当时台湾最火的不是《老夫子》，而是李小龙和日本漫画《好小子》，因此广告片里除了《老夫子》之外还加了两个卡通人物：李小龙舞双节棍，好小子在武道馆比剑道。

琼瑶与刘家昌的台湾三厅电影热度已退，许冠文、许冠杰、许冠英的搞笑港片最受欢迎。我花了一个月时间到戏院看尽所有能看到的港片，然后问自己三个问题：

“有没有可能拍得比这些片好看？”

答案是肯定的，搞笑港片其实并没有那么好看。

“如何能让观众觉得片子好看？”

开场出人意表，结尾合情合理。在最好看之时让影片结束，观众便认为好看，如果在不好看之时影片结束，观众便认为不好看。因此最后一场戏必须最好看。

“能好看到口耳相传吗？”

如果能好看到要告诉别人，1 传 3、3 传 9、9 传 27、27 传 81，口耳相传威力无穷。

在戏院看了一个月港剧体会到这些道理后，便开始编故事，但是，该以什么方式讲故事呢？

从小看过很多小说，我发现讲故事有很多种形式——

《水浒传》：

故事由八十万禁军教头王进背老母逃亡收史进为徒展开，王进接史进，史进接鲁智深，鲁智深接林冲，林冲接武松，这是以人物接人物进行故事的方式。《封神榜》也同为这一类型。

《绿野仙踪》：

美丽善良的小女孩桃乐茜带着没有脑的稻草人、没有心的铁皮人、没有勇气的狮子展开了一场奇幻旅行，最后大家都完成了任务，稻草人有了脑，铁皮人有了心，狮子得到了勇气。中国的《西游记》也属于这种类型，唐僧带着孙悟空、猪八戒、沙悟净西天取经，经历八十一难，最后完成了任务。

《龙门客栈》：

沙漠小镇有个龙门客栈，东厂锦衣卫大当家与二当家到龙门客栈埋伏，准备杀害于谦后人。于谦的前部属客栈主人吴宁暗中邀请武林高手前来相助，于是朱骥、朱辉兄妹和侠士萧少镃三人分别入住龙门客栈，锦衣卫头目东厂太监曹少钦也赶来，最后一场恶斗便在龙门客栈展开。这便是各路英雄会中州的故事进行方式。

《黑暗河流》：

英国侦探受雇到非洲寻找失踪半年的英国青年绅士，侦探雇了一艘船，与向导依据青年寄给未婚妻的一沓信，沿着青年走过的路线，驶往黑暗的河流上游查访，每到一个弯路，便会发生不可预知的离奇情节。

好莱坞电影大多以《黑暗河流》的形式演故事：兰博、洛奇、007 等片，都是由主角人物带领观众进行一场奇幻未知之旅。

编《七彩卡通老夫子》电影剧本时，我也采用这种说故事的方法，一个半月后，故事编好了，也画完了故事版，远东卡通公司开始制作动画。

这段时间《老夫子》原作者漫画家王泽到台湾出席宣传活动，我跟他在财神酒店讨论剧本一个星期，王泽虽然不高兴剧中加了李小龙、好小子这两个卡通人物，但还是尊重了我的意见。

工作空当儿，王泽想见识一下捏陶，我带他到天母李昆一陶瓷工作室，王泽亲自捏了几个作品，我也捏了人生第一个陶罗汉，李老师帮我们上釉烧窑，结果作品很专业。当时我跟王泽都一致认为：创作艺术最主要的是构想。

两年后，《七彩卡通老夫子》制作完成准备上映，我们的策略就是先到香港上片，再回来台湾上片。结果票房很好，成为三年来香港地区票房最好的台湾片。

紧接着回台湾做宣传，虽然我们刚入行，跟新闻媒体一点也不熟，但《民生报》《中国时报》影剧版却刊登了《七彩卡通老夫子》的全版介绍，大肆报道这则振奋人心的影剧新闻。暑假期间，电视广告开始播出后，立刻吸引了无数小朋友。

1981 年 8 月 7 日《七彩卡通老夫子》在台北院线（注：当时台北五十家剧院分成四个院线，由四个片商包一整年，负责买片、排片和剧院盈亏）上映，首映第一天早场，我负责信义路宝宫戏院监票，早上八点到现场，发现观众排队买票的长龙就有一千米长，由宝宫戏院排到了信义路鼎泰丰餐厅门口。

《七彩卡通老夫子》于暑假档期连续上映 14 天，天天场场爆满。当年春节档成龙的《龙少爷》票房 6000 万台币，暑假第一档柯俊雄主演的《大地勇士》票房6600万台币，而《七彩卡通老夫子》总票房7350万台币，打破了台湾电影票房纪录，比007、李小龙等电影票房还好。当年年底荣获1981年的“金马奖最佳卡通片”。

当时台湾规模最大，专门替美国比汉那芭芭拉、迪士尼加工动画的宏广动画公司老板王中原看到《七彩卡通老夫子》大受欢迎，决定将漫画家牛哥的早期漫画作品《牛伯伯与牛小妹》改编为动画电影。

我听到这消息后说：“就算请迪士尼公司制作《牛伯伯与牛小妹》都没有救，如果一部动画电影的题材决定错误，那么再怎么精心制作都没有用。”

老板的主要任务是正确决策，
判断什么该做，什么不该做。
动画电影题材必须合乎时代潮流，
戏中的感情、故事内容才是王道。

龙卡通时代的伙伴们

第六章 另组龙卡通公司

《七彩卡通老夫子》上映后，由于跟合伙人谢金涂经营理念不同，我便退出远东卡通，另组龙卡通动画公司。

我在大办公室对所有员工说："我们要分家了，愿意跟随我的人自动跟我说，其余的员工留在远东卡通公司。"

分成两家公司之后，远东卡通公司接续制作《七彩卡通老夫子：水虎传》，龙卡通公司则专门制作动画广告影片。

除了台湾、香港地区之外，也接新加坡的卡通广告片，例如香港狮球唛、渣打银行、汇丰银行、18 部地铁广告和林子祥形象的沙士汽水广告，都出自龙卡通公司之手。

接下来几年，我们也制作了动画电影《山 T 老夫子》和《乌龙院》。

刚开始，龙卡通动画公司租下位于永康街宏广动画公司原址，两年后，再从永康街搬到南京东路5段的商业大楼。

平常维持25位员工左右，拍动画电影时才多增加20位员工，外面聘雇论件计酬的原画与动画员工大约有50位。

不讲话的老板

虽然我是老板，但我始终认为大家一同为动画行业打拼，动画师付出劳力领薪水，老板付钱请动画师工作，没有谁比较伟大或不伟大，所以我很低调，没有自己的办公室，我跟大家坐在同一个办公室，从没开过会，也很少开口讲话。很多新进的着色小姐到公司上班一两个星期都以为我是不会讲普通话的日本人或香港人。公司同事之间也很融洽，经营公司七年期间，从没有任何员工辞职。

我喜欢创作不喜欢管理，所以将整个工作流程改为履带作业自动化系统。动画作业分原创、原画、动画、描线、着色、摄影六大部门，每个部门由一位领导负责，我负责源头原创工作——剧本、人物造型、故事版，完成后交给原画总监，原画完成再交给动画总监……每个环节由该单位总监负责，一路下去直到摄影完成。

我说："流程要像水一样往下流，每个部门接到工作不能停在自己手上，应赶快完成流到下一个部门。"

依照这个系统作业果然效率很高，后来我一直维持这个习惯，从不让工作停留在我手上，会第一时间完成让它往下流。有时同时进行五件事，看着它们顺利持续地往下进行，内心很舒畅。

热衷桥牌

念初中时，我很爱下象棋，棋艺还不错，在我工作环境的小范围里找不到对手。后来学下围棋，但往往因为对手风度差，输了还迟迟不肯弃子投降，频频长思而感到胃痛，便对下围棋失去兴趣。经营龙卡通时，有一天从报纸上看到一则新闻：

台湾张溪圳、张英村勇夺“亚洲杯”桥牌论对赛冠军。

张溪圳不正是我们的客户，黑潮电视电影公司老板吗?

当兵之前住在植物园附近时，曾经与其他中学的学生胡乱打过几次桥牌，很像拿破仑纸牌游戏，当时不太懂桥牌规则。

有一次，我到黑潮电视电影公司接工作时，问张老板：“报纸所说的‘亚洲杯’桥牌论对赛冠军的那位张溪圳是你吗？”

张老板说：“是我没错，你也喜欢桥牌吗？”

我说：“是啊，我还不太会打桥牌，你们在哪里打桥牌呢？”

由于这个因缘，我便经常到国际桥艺中心打桥牌。十几岁时我很会赌得州扑克，加上我无可救药的好胜心，一年后，我已经赢得人生中第一个桥牌奖杯——“力轮杯”论对赛冠军。

由于公司营业情况很好，不需要我多操心，所以这段时间我几乎

到 2013 年，我已获得 125 个桥牌奖杯，桥牌是令我骄傲的一项娱乐活动

每天晚上到桥社打桥牌，也组织龙卡通队参加所有比赛。

1984年，我拍《乌龙院》动画电影时，为了赶在暑假上映，整整一个半月时间龙卡通全公司上班到清晨三点，我除了画《乌龙院》动画之外，还要画漫画交稿；每到六点半我还要到桥社打桥牌，还赢得那一年台湾桥牌正点累积最多的年度正点总冠军。

桥牌女选手赖惠萍问我："你天天来打桥牌，怎么有时间画漫画、动画？"

我开玩笑说："你知道吗，其实有三个蔡志忠，每天轮流画漫画、做动画、打桥牌，今天轮到我这个蔡志忠来打桥牌。"

打桥牌可以纾解工作压力，也是我犒赏自己努力工作的棒棒糖。从比桥牌的过程中，可以发现自己的思维能力处于巅峰，通常到境外参加大型桥牌比赛时，一向是我智商最高、思维能力最好的时候。

截至2013年春节，我参加不计其数次台湾桥牌比赛，代表台湾地区参加10次"亚洲杯"、2次"奥运"、1次"百慕大杯"桥牌世界大赛，赢得125个桥牌冠亚军奖杯。我爱桥牌，也鼓励大家打桥牌。

与"皇冠"结缘

由于动画是台湾新兴行业，所以常有文化人来参访，在《联合报》与《皇冠》杂志连载漫画的陈朝宝也常到公司跟我聊天，他很想学动画卡通，也想到巴黎当艺术家。

《皇冠》杂志是台湾著名文学月刊，是台湾作家琼瑶的先生平鑫

龙卡通公司内我的工作台

龙卡通有来自不同国家和地区的人才。前排依次为：（左）卡通奇才蔡明钦、（中）卡通大师胡树儒、（右）我；后排依次为：（左）日本导演本多、（右）摄影南蒂

涛所创办的，王泽也授权《皇冠》出版《老夫子》漫画单行本。

1981 年 12 月下旬，《皇冠》主编刘淑华突然打电话跟我邀稿。

刘淑华说："明年 1 月份开始，《皇冠》杂志增设《漫画擂台》专栏，预备刊登 12 位漫画家的作品，每期 16 页漫画。1 月份是陈朝宝，2 月份希望能刊登您的作品。"

我说："画什么题材有规定吗？"

刘淑华说："随您自己的意思创作。"

《皇冠》的邀稿强烈触动了我的心灵！好久没画漫画了，只画一期 16 页漫画倒可以试试看，于是便爽快答应了。

几天内我便画好 16 页漫画作品，内容是胖瘦两位大侠结伴勇闯江湖的搞笑四格漫画。原想取名《哼哈二将》，后来改名为《大醉侠》。这是我重拾漫画之笔，也是我的四格幽默漫画处女作，于《皇冠》杂志 1982 年 2 月份刊登。

杂志出版几天之后，《皇冠》主编刘淑华到龙卡通拜访。

她很慎重地说："我们社长平鑫涛先生看到您的作品，觉得您画得很好，希望能长期跟您合作。不知道您能不能为《皇冠》画漫画？"

我说："我还在经营卡通公司，不知道有没有时间长期兼职画漫画。"

刘淑华说："那么先跟平先生见个面再说吧？"

我说："好吧。"

当下便约好：2 月 25 日中午，在仁爱路 4 段叙香园餐厅碰面。

我画《联合报》副刊插图时，已经认识平先生了，制作《七彩卡通老夫子》时，王泽到台湾出席宣传活动，曾陪王泽接受平鑫涛先生宴请，当时便对平鑫涛先生的气度印象深刻。

平先生在忠孝东路福星川菜馆宴请王泽，餐厅经理给他一本菜单要他点菜，平先生说："今天我宴请最重要的客人，请你上福星川菜馆最好的菜。"

结账时，为感谢餐厅经理替他点菜，平先生很气派地给餐厅经理500元小费。

见面那天，我提前十分钟到叙香园，餐厅经理带我来到一间大包厢。乖乖，不是只跟社长平鑫涛先生见面吗，怎么用得着这么大间的包厢呢？

心中正在狐疑，平先生带着十几个人进入了包厢，《皇冠》总编辑、总经理、发行经理、主编和几位编辑，还有一个八九岁的小孩，是平先生的干儿子。浩浩荡荡的阵容着实吓了我一跳，看起来很慎重，可见他很看重这次约会。

席间，平先生说："《老夫子》漫画在台湾很受欢迎，我想找一位台湾漫画家创造出独特的主角。我曾经找陈朝宝以'空空和尚'为漫画主角试过几个月，但无疾而终。这期《皇冠》刊登的'大醉侠'我觉得很棒，你是个适合的人选，不知道你是否愿意长期画下去？"

平先生态度诚恳殷切，让我难以推辞，我说："我通常得事先准备周全，才敢端上台面。"

"这是应该的啊！"

"先让我准备一年，我们一年后再开始在《皇冠》杂志正式连载。"

"我同意！"

平先生立刻站起来，微笑着向我伸出右手，我也站起，两只手有力地握在一起。

这一天，台湾两大报的全版广告是香港新艺城电影公司为《夜来香》等三部连续剧推出的电影广告，广告词是：

“2 月 25，强打 45 天！”

平先生套用新艺城电影广告词：“我们 2 月 25，强打 10 年！”

“好，2 月 25，强打 10 年！”我说完之后，两人再度紧握对方的手。

在这么多人的见证之下，我答应了当然不能反悔。

此后，我利用暇余时间画。1983 年 3 月《皇冠》杂志开始连载《大醉侠》，这也是我的四格幽默漫画第一部作品。而《皇冠》社长平鑫涛先生是领我重返漫画领域的大恩人，我跟他是永远的好朋友。

2014 年 2 月 22 日是《皇冠》创刊 60 周年纪念日，平先生选了跟《皇冠》有渊源的 6 位作家出版 6 本书。

2013 年 7 月接到平先生的电话，邀请我提供一本书以纪念《皇冠》创刊 60 周年。我当然义无反顾，几天后交给“皇冠”《蒲公英的微笑》这本书。平先生写了一封谢函：

敬爱的志忠：

感谢你慨允为《皇冠》60 周年添加光彩。有首西洋名曲叫“Beautiful Sunday”，曾经红极一时，人人爱听。

上星期日 7 月 28 日对我而言，真是一个美丽的星期日。上午你在灿烂的阳光中，翩然到我家，带来珍贵画作以及杭州名茶。久别重叙，你依然神采奕奕，谈现况谈未来，充满自信。

我的秘书淑玲，送你去远企的路上，听了你的谈话，回来对我说："蔡先生是不是天上的星宿下凡？"

我自认为从来没有低估你，但我还是低估了你，你不能以一般人的标准来衡量。你的智慧和高度，远远超过一般人，你不仅是天才，你是奇人、哲人。

你的作品，将会是世界经典中的经典，志忠，我已高龄86，我不会言不由衷，我向你致敬！

《皇冠》何其庆幸，能得到你的垂爱，在登完《蒲公英的微笑》后，接着刊登你伟大的"漫画东方智慧系列"。

明年2月，《皇冠60周年特刊》出版后，我的人生目标已完成，我欣然面对死亡，我对活着的整个过程很是满足。

现在，我倒希望活得更长一点，能够多读到一些你的稀世奇珍。

我认识很多人，平先生是影响我一生的关键人物。感谢您，我永远的朋友——平鑫涛先生！

四格漫画时代

《大醉侠》在《皇冠》连载后，我对四格幽默漫画的狂热便一发而不可收，开始设计其他搞笑漫画人物。当时香港武打明星洪金宝曾主演一部《肥龙过江》,我以此为范本,画了 100 多则四格幽默漫画《肥龙过江》，我想向从没连载过四格漫画的《联合报》投稿。

我知道陈朝宝每天晚上都到《联合报》兼差画漫画，明人不做暗事，我先打电话给陈朝宝:“阿宝，我要到你们《联合报》投稿漫画。”

陈朝宝说:“没有用的，我跟主编提过几次，要他们每天刊登我的漫画，主编都没答应呢。”

我说:“不要紧，我去试试。”

1983 年 12 月 27 日晚上六点半，我到联合报一楼电梯旁，用警卫桌上的电话打过去:“我找万象版主编。”

“我就是，你是哪位？”

“我叫蔡志忠，来跟你们投稿漫画。”

“你直接将稿子寄到万象版就好。”

“我已经在你们楼下了，我的作品很棒，要不要下来看一看？”

万象版主编沈明进匆匆下楼，我交给他一张名片和一本大册页，里面有 100 篇上好色彩的《肥龙过江》四格幽默漫画,足够刊登三个月。

刚回到公司，便接到沈明进电话:“刚刚跟我们主任唐经栏开会讨论，决定明年 1 月 1 日开始连载你的漫画作品《肥龙过江》。”

1984 年 1 月 1 日《肥龙过江》便开始在《联合报》万象版连载，此后我持续在这个版面连载 10 年。

人常常只是嘴巴说说，光说不练，

也往往还没准备充足便开始行动。

依我的经验，自己还没准备好，不要轻易示人。行动时做好周全准备，往往能感动人，也常常因此而成功。

帅哉李碧华

紧接着我画《光头神探》，主动跟《民生报》副刊主编薛兴国投稿，在《民生报》连载。

《时报周刊》发行人简志信也向我邀稿，我学古龙的盗帅楚留香，创造了一个亦正亦邪的非典型英雄“盗帅独眼龙”，在《时报周刊》连载。

由于龙卡通公司曾替香港地区、新加坡拍过卡通广告片，跟当地媒体熟识，所以《肥龙过江》《光头神探》《大醉侠》也同时在香港地区的《东方日报》《明报》和新加坡的《联合早报》《联合晚报》等报连载。马来西亚的《星洲日报》《民报》《建国日报》也每天刊登，只是马来西亚依当地媒体的惯例不付稿费。

《大醉侠》等四格漫画作品在香港地区及新加坡、马来西亚等地有了知名度，1984 年 3 月下旬，《东方日报》请专栏作家李碧华到台湾采访两位在香港有知名度的台湾文化人，我跟林怀民是被采访的两位对象。

李碧华不愧是知名作家，采访风格与众不同，为了采访林怀民，她在云门舞集学舞一个星期。

李碧华行为很帅，采访我之前事先跟我约定："我不问你任何问题，但要在龙卡通跟你们上班三天，跟你一起行动、一起吃饭。"

当时我不知道李碧华是香港非常有名的作家，她也没说自己是《胭脂扣》《霸王别姬》《青蛇》的作者，只知道她在《东方日报》有个《白开水》专栏，出版过一本《好男人不过是一瓶好的驱风油》。

我们像朋友一样聊天，也没看她做笔记。回香港以后，她便寄来那篇文笔很好、刊登于香港《东方日报》上的《大醉侠的脐带》的文章。

不切割生命去换钱

1984 年，《皇冠》杂志创刊 30 周年，要每位作家写一小短篇。我写了一篇《十年人生感想》短文：

> 我过去花了十年赚得一千万元，
>
> 我常想还给上苍这一千万元，
>
> 换回我的青春十年，当然我办不到！
>
> 但从此我一定办到不再以任何十年或一年或一天去换取一千万元。

用时间换钱，到头来一定是个亏本生意。因为我们无法在临死之前，用一千万换回多活十年或一年或一天。

文章刊登出来之后，我便立下人生大愿：

“皇冠”40 周年留影

此生不再切割任何生命去换钱，
除非我真的需要那笔钱！

结束龙卡通公司

1984 年 6 月 25 日，《乌龙院》动画电影如期完成，剪接配音后，如期于 8 月 13 日在台北院线上映。由于在报纸连载一年半的漫画《乌龙院》热度已慢慢消退，不如一年前火，全台湾票房 2400 万台币左右，票房不如预期，投资者们没赚到钱还小亏一点点。

当时我对别人说："拍《乌龙院》动画电影都赚不到钱，我预言 10 年内，台湾不可能拍动画电影能赚到钱。"

我不想再经营动画了，那一年，我 36 岁，已经开了 7 年动画公司，拍了无数动画广告影片与 4 部动画电影；拥有 3 栋房子、存款 860 万台币，从此只要不赌钱、不投资、不借别人钱、不替人担保，活到 80 岁我还有钱吃方便面。

我对自己说："够了！这一生为钱做事的日子到此为止。我要去做更有意义的事。"

从此我的生命不零售，
将整个后半生批发给自己。

于是我将公司的股份全部送给四位元老级员工，由他们经营，龙卡通便能继续维持下去，我要心无旁骛做个快乐的漫画人。

《皇冠》主编刘淑华听到这个消息，问我："何必放弃公司呢？你可以像从前一样，动画、漫画两边兼顾啊。"

我说："追两兔不得一兔，我要全力以赴画漫画。"

离开龙卡通公司，我在忠孝东路成立漫画工作室，专职画四格幽默漫画。

然而人算不如天算，四位拥有股份的员工各有私心，由于每个人持有龙卡通的股份比例摆不平，打从一开始便分裂为两家，接着又分裂为三家，公司名字便由龙卡通公司变成三个不同名称。

几年后，由于三家兄弟公司相互削价恶性竞争，动画制作水平也大不如前，三家公司一家家地逐渐停业，龙卡通公司便无疾而终，从台湾动画行业消失了。

投稿日本漫画杂志

四格幽默漫画在台湾、香港地区，以及新加坡、马来西亚等地走红后，我想进军日本，便带着新闻媒体报道剪贴簿和四格漫画作品来到东京。由于我还不会日文，在东京请了一位留学生当翻译，到专门出版四格漫画周刊的芳文社、双叶社、少年画报社投稿。

我很了解一个台湾漫画家到日本出版社投稿，是一项困难任务。通常他们会派一位小编辑跟你喝杯咖啡，收了你的作品便丢进抽屉下层，此后便没了下文。

因此我在出发前先印好“龙卡通公司社长”名片，到日本出版社一楼，递给柜台小姐名片，说：“我想见社长。”

柜台小姐说：“对不起，社长不在，我们的总编辑行吗？”

我说：“跟总编辑见面更好。”

总编辑到了一楼，便递上新闻报道剪贴簿和我的四格漫画作品，通常总编辑会当场拍板定案，我投稿三家，三家都采用了。一个月后，芳文社、双叶社、少年画报社三家四格漫画周刊便开始刊载我的漫画作品。

心态改变

除了《联合报》、《民生报》、《时报周刊》、《皇冠》杂志、《皇冠漫画半月刊》之外，还在《日本文摘》《牛顿》《小牛顿》等月刊连载我的漫画。

当时一则四格漫画稿费2000元台币，在报纸画一档每天连载的漫画专栏，一年稿费73万台币，大约是当时上班族的3倍；我画了很多个漫画专栏，所以收入是一般人的15倍。虽然当专职漫画家的收入比经营动画公司还要多，但我不想用生命换取钞票。我始终觉得画四格幽默漫画是鸡肋，食之无味，弃之可惜。我想做更有意思的事，不想一辈子画四格漫画。

我和胡树儒先生共同拍摄的《七彩卡通老夫子》让我们名利双收，他也是我一辈子的朋友

我与“漫画诸子百家”

第七章 东京一匹狼

走在街头，

会掉下来的只是招牌。

创意是最伟大的叛逆，

创意不会从天上自己掉下来。

1984 年 12 月 22 日我到东京出席少年画报社所举办的漫画家望年会。

席间，有一位漫画家市川立夫跟我说："以后你来东京别住饭店了，可以跟我一起住，大家分摊房租。"

跟日本漫画家一起住？光听起来就很有趣，我便答应了，当场向他要电话。

四个月后，1985 年 4 月 22 日我做好长期待在日本的准备，搭机到东京，在东池袋练马区樱花台，跟市川立夫一起合租一间名叫芳叶庄的简陋组合屋。

内容才是王道

日本是漫画王国，只有少数作品红火的漫画家收入很高，大多数漫画家日子还是过得很清苦。

市川立夫很爱漫画，但一个月 5 幅单元格漫画的稿费无法生活，必须每天清晨四点起床，到练马区役所当清洁工，收入才勉强够生活。

他说："从前我负责开洒水车，因为车子必须开得很慢很慢，常常边开边打瞌睡，不如下车扫地来得清凉干脆。"

后来他不当清洁工，清晨在新中野渔市场搬鱼，每天下午到弹珠店打弹珠。

我问他："你怎么不画漫画，而是天天打弹珠呢？"

他说："除了每个月 5 幅单元格漫画之外，没有其他杂志社跟我邀稿啊！"

我跟市川立夫很不一样，我很喜欢画漫画，跟有没有杂志要刊登没有关系，最关键是自己该画什么题材。

我总认为漫画只是一种语言，一种表达手法。漫画以画面讲故事，故事才是重点!

有媒体问我:“当漫画家需要具备什么条件?”

我回答:“当漫画家要有三个条件:

1. 会画漫画;

2. 很会编故事;

3. 有用图像讲故事的能力。”

如果只有第三个条件,那么便可以成为大导演斯皮尔伯格、宫崎骏、李安、张艺谋、冯小刚。

如果你只有第二个条件,那么你便可以成为大文豪莎士比亚、托尔斯泰、伏尔泰、巴尔扎克、海明威。

如果只有第一个条件,只会画漫画,那么对不起!你只能当别人的助理,不能成为漫画家,如同只会写字的人不能称为作家一样。

因为令读者着迷的是故事情节,而不是画画的技巧。是透过画面所呈现的故事内容吸引人,而不是画面本身。

我深知漫画的功能,也懂得这些道理,那么目前的问题:

究竟我要画什么题材、什么内容呢?

我从不认为漫画只能画幽默、讽刺或故事,漫画像文字一样是一种表达工具,没有什么主题不能用文字描写,同样地,任何题材也可以通过漫画来表现。

可以画佛经、禅宗、物理、数学,没有什么题材不能用漫画来画,内容、内容、内容……内容才是重点，内容才是王道!

我看很多书,类型也非常多,其中一定有很多适合用漫画来表现的。

漫画《庄子说》

有一次跟市川立夫聊天时,我提到“庄周梦蝶”这个美丽的故事:

有一天黄昏，庄周梦见自己变成了蝴蝶，他拍拍翅膀，果然像是一只蝴蝶，快乐极了。这时候，他完全忘记自己是庄周。

过了一会儿，他在梦中大悟，原来那得意的蝴蝶就是庄周。

究竟是庄周做梦，梦到自己变成蝴蝶，还是蝴蝶做梦，梦到自己变成庄周?

市川立夫说:“好像柏拉图也有类似的故事。”

我猛然想到:何不将先秦诸子百家思想画成漫画呢?

刚好我随身正带着几本《庄子》《老子》《墨子》,当下便停止聊天，开始研读《庄子》。

我发现我跟庄子很像，追求天人合一、清静无为、凝神寂志，不把名利看在眼里。庄子首创以寓言方式谈哲学，很适合用漫画表现，里面有无数有趣的故事:

得鱼忘筌

庄子说:“筌是用来捕鱼的，鱼捉到之后，筌就可以舍弃了。捕兽器是用来捉兔子的，捉到兔子以后，捕兽器便可以舍弃了。文字是用来传达思想的，直接去了解思想，不要去看文字表面。”

朝三暮四

有个养猴人拿栗子喂猴，有一天他对猴子说：“早上给你们吃三颗，晚上吃四颗好不好？”

猴子叫道：“不要，不要。”

他又说：“那么，早上吃四颗，晚上吃三颗好了！”

猴子开心了：“好好好！”

邯郸学步

燕国有个小孩，到赵国邯郸学习步法。但是，他非但没有学会邯郸人的步法，反而把自己原来的步法忘掉了，只好爬着回家。

养生主

庄子说：“人生命有限，知识无穷。以有限生命，去追求无穷知识是非常危险的。知道危险却以为知识使你聪明，那就更危险了。”

我自己也不想用有限的生命去赚取这辈子用不完的钱，便很兴奋地动笔把庄子思想改编成漫画，10天后，已经完成整本漫画《庄子说》

的草稿。

与讲谈社约定出版

由于东立出版社范万楠的关系，我跟讲谈社漫画单行本主编阿久津是好朋友，我约他喝咖啡，给他看我的新作。

阿久津看完惊呼："哇！这是震撼漫画界的创举，这本书出版之后，保证会轰动。"

"不只是一本漫画《庄子说》，我要画整套漫画中国思想系列。"

"你还要画什么？"

"《庄子》之后，还要画《老子》《孔子》《孙子兵法》《韩非子》……"

"这套漫画一定要给讲谈社出版。"

"我当然非常乐意。"

几天后，阿久津把漫画《庄子说》的草稿交给讲谈社第三编辑部部长古屋信吾看，古屋信吾当场答应讲谈社要跟我签约，出版漫画诸子百家系列。

我的漫画理念没有错，重点不在于漫画技巧，而在于漫画题材！读者没有跟我们结仇，故意不买我们的漫画，读者也没跟自己的荷包结仇，花钱去买不好看的东西。只要画出来的漫画作品很好看、有意思，出版之后肯定受欢迎！

接着我一边完稿漫画《庄子说》，同时也继续画《老子》《孔子》《列子》《韩非子》，不急着出版，因为我规划的是整个漫画诸子百

与讲谈社社长野间佐和子谈定合作

家系列。

由于市川立夫只会日文，我跟他都是以简单英文加上写汉字沟通，他试图教我日文，每天教两三句，功效不大。

既然我想在日本发展漫画，学会日语是起码的本分，才能跟漫画主编和日本漫画家们沟通，于是我到高田马场早稻田大学隔壁，由翁倩玉挂名董事长的日本语国际学校学习日语。

1985 年 5 月 13 日星期一开始，每天下午到日本语学校上课三个小时，每个班有大约 25 个学生，我们班上有 4 个华人，除了一位犹太人之外，其他 20 个同学都是韩国人。

上课情形有如角色扮演，老师先念一遍课文，然后依课文扮演主人或来访的客人，每位同学必须上场演一遍，谁都逃不掉、闪躲不了。由于生活于日语环境，到餐厅点菜、喝酒、吃饭、买汉堡、喝咖啡，处处都得使用日语，所以进步很快，发音也比较正确。

6 月底，我太太带女儿到日本东京过暑假一个月，也要参观筑波博览会，因此我休学陪她们旅游。

母女抵达东京的第一个晚上，我宴请市川立夫、插画家守田胜治、德间书局写真部副部长阿倍富宽三位日本友人，在日本小酒馆跟我们一起吃饭喝酒。当晚女儿看我整个晚上都用日语交谈，觉得很神奇。

第二天早上，女儿问我：“日语很简单吗？”

我说：“日语是全世界最简单的语言，只有 50 音，发音跟西班牙语一样简单，全部是由子音元音构成的，不像英文或北京话那么

市川立夫、我、守田胜治、阿倍富宽

绕口。”

女儿因此信心大增，也学简单日语。移民加拿大时，八年级必须选修第二语言，女儿便选修了日语。

过完暑假，太太和女儿离开日本没几天，我接到李荣东的电话：“恭喜！你得到‘十大杰出青年’奖了，9月中旬你一定要回来领奖。”

荣获“十大杰出青年”奖

开龙卡通时，我经常逛画廊，有时也会买几张画。后来跟初中同学李荣东、漫画家陈朝宝、设计家谢义枪、水墨画家周橙在复旦桥光武大厦9楼合开“东之星”画廊。

李荣东曾用一间小套房换陈朝宝十几张水墨画，李荣东参加“青商会”当北投分会会长，每个分会必须推荐年纪低于40岁的杰出人士参加“十大杰出青年”选拔。

有一天他跟我说：“去年我推荐陈朝宝，但没获奖，真气人，今年我要推荐你。”

“我又没有比陈朝宝厉害，连他都没获奖，我不是机会更渺茫？”

“把你的资料给我，我推荐你就是了。”

我拗不过他，便把我的个人资料给了他。

接到自己荣获“第23届十大杰出青年”的消息，不得不暂时终止日本之旅，回台湾接受颁奖。打电话回台北告诉太太这个消息，她在电话那端哭了起来，觉得自己终究没有看错人。

“十杰”的十位得奖人共分医学、农业、工业、商业、公教、体育、警政、文化等十类，由于文化人常上新闻媒体，通常文化类人士知名度最大，选拔竞争最激烈。

回台湾接受颁奖时，才知道这届文化类评审委员是有“老盖仙”之称的幽默大师作家夏元瑜，听说选拔会议中夏老师大力推举我。

夏元瑜说：“将漫画发展到日本、新加坡、马来西亚很不容易。拍动画卡通票房第一又获得金马奖，叫好又叫座，更是不简单。”

领奖之后，我便立刻赶回东京继续画漫画、学日文。

日语学校教务处问我：“上次你上到哪一本课本？”

“我忘了。”

“红色课本，还是黄色课本？”

“哦，是红色吧，嗯，是红色课本！”

一时忘记，上课时才发现弄错了！现在上的是第四个半月的课程，我跳过中间三个月没上，课堂上完全听不懂。于是刚一下课立刻逃回家，急忙找念明治大学的桥友郑得统恶补，自己在家里自学、勤练句型、背单词，一星期后再到学校上课时，便已经赶上进度了。

原本六个月的初级日语课程，我只上了三个月，毕业考试却考了第三名呢。

花三个月时间学日语，在东京生活用日语会话和简单交谈没问题。

以下是我学日语的独门绝招：

我与夏元瑜（右）

如何在三个月内学会日文?

首先要先背好50音的片假名。

片假名

	ア	カ	サ	タ	ナ	ハ	マ	ヤ	ラ	ワ
a	阿 a ア	加 ka カ	散 sa サ	多 ta タ	奈 na ナ	八 ha ハ	万 ma マ	也 ya ヤ	良 ra ラ	和 wa ワ
i	伊 i イ	幾 ki キ	之 shi シ	千 chi チ	仁 ni ニ	比 hi ヒ	三 mi ミ	伊 i イ	利 ri リ	井 i ヰ
u	宇 u ウ	久 ku ク	須 su ス	川 tsu ツ	奴 nu ヌ	不 hu フ	牟 mu ム	由 yu ユ	流 ru ル	宇 u ウ
e	江 e エ	介 ke ケ	世 se セ	天 te テ	祢 ne ネ	部 he ヘ	女 me メ	江 e エ	礼 re レ	慧 e ヱ
o	於 o オ	己 ko コ	曾 so ソ	止 to ト	乃 no ノ	保 ho ホ	毛 mo モ	與 yo ヨ	呂 ro ロ	乎 o ヲ

平假名

安 あ	加 か	左 さ	太 た	奈 な	波 は	末 ま	也 や	良 ら	和 わ
以 い	幾 き	之 し	知 ち	仁 に	比 ひ	美 み	以 い	利 り	為 ゐ
宇 う	久 く	寸 す	川 つ	奴 ぬ	不 ふ	武 む	由 ゆ	留 る	宇 う
衣 え	計 け	世 せ	天 て	祢 ね	部 へ	女 め	衣 え	礼 れ	恵 ゑ
於 お	己 こ	曾 そ	止 と	乃 の	保 ほ	毛 も	与 よ	呂 ろ	遠 を

初学日文，光是背50音的片假名、平假名就会累死人，很难记得牢靠。由于日文的片假名取自汉字部首，例如，前10音是取阿、伊、宇、江、於、加、幾、久、介、己10个汉字的部首或局部。

背50音的片假名时可以直接背汉字，等到要书写时，再还原为日文的片假名。

阿伊宇江於

加幾久介己

散之须世曾

多千川天止

奈仁奴祢乃

八比不部保

万三牟女毛

也伊由江與

良利流礼吕

和井宇慧乎

日文平假名是采用中文草书，例如，前10音是取安、以、宇、衣、於、加、幾、久、计、己10个字的部首或局部。因此记忆也直接记平假名出处的50个汉字。50音出处的汉字是让我们记得牢靠的根基。

安以宇衣於

加幾久计己

左之寸世曾

太知川天止

奈仁奴祢乃

波比不部保

末美武女毛

也以由衣与

良利留礼吕

和为宇惠远

然后我从课本和报纸杂志文章自己归纳出日语29种句型，再套入名词、动词，便可以灵活地自己拼句子了。

接着便需要背大量名词、动词。我以图像联想记忆法，背800个动词和1000个名词。名词比较好背，动词比较难记牢。日语动词可以采用有形象的物体动作来记忆，物体是相关音的连接，动作是意义的连接。

例如:日文“舞蹈”的发音类似“麦以”,用麦在跳舞记住音“麦”与意“舞蹈”，让动词与物体行为相连，让名词融入情境画面。

签售会上

第八章 《庄子说》揭开漫画新纪元

是谁发明了文言文？
是谁把书写得那么难懂？
这是时代演变的美丽错误。
谁能将艰涩的文字变得浅显易懂？
这是漫画家的责任。

1987 年 6 月，我已经完成漫画《庄子》《老子》《孔子》《列子》等多本漫画书，我想直接出书，不在意杂志连载的稿费；为了宣传《庄子》《老子》只在时报《欢乐漫画半月刊》连载过一期，便由时报出版公司编辑直接出书了。

从前在皇冠和香港博易所出版的《大醉侠》《龙门四宝》版本都是正方形，我想沿用这种版本。书是正方形，左右两边留有空白应该怎么办？于是放进该篇漫画的文言文，结果大受好评。

书摆进书店销售，为了与钱穆、陈鼓应等教授们所著的《庄子》《老子》《孔子》区分，所以书名改为《庄子说》《老子说》《孔子说》，加了一个“说”字，变成现在进行式，念起来也比较亲切。

我觉得书名还不够优雅，由于我很喜欢《庄子说》“大地的箫声”那篇故事，于是加了副标题“自然的箫声”，整套系列也沿用这个方式：智者的低语、仁者的叮咛、曹溪的佛唱、尊者的棒喝、法家的峻言。细心一点的读者便会发现副标题最后一个字都跟声音有关。

一切就绪，漫画《庄子说》终于出版啦！

英文版《庄子说》

1987年8月12日《庄子说：自然的箫声》上市，9月1日便名列金石堂畅销书排行榜第三名，只销售13天就勇夺第三名（金石堂于每月25日统计），下个月理所当然是冠军了。真实情况跟我想的一样，漫画《庄子说》连续独占鳌头10个月，一直是畅销书第一名。

这股漫画旋风，连续两年都名列台湾出版界十大新闻之首，以下是这两年台湾出版界十大新闻的头条。

1987年台湾出版界十大新闻

1.《庄子说》揭开本土漫画业高潮。曾在《欢乐漫画半月刊》连载的《庄子说：自然的箫声》上市即冲入排行榜之首，多少也与"前任榜首"《野火集》的热潮消退有关，"野火"之后，荣登王座的居然是本漫画书，而且是以古典中国为素材的漫画书，怎不令人兴奋？所以《庄子说》的脱颖而出，深具文化上的意义。台湾漫画界的取材，向来受到"东洋味太浓"之批评，不然便是过分西洋式的夸张，难得蔡志忠从中国经典取材，且据他自己说，诸"子"中，可说之人尚多，即使撇开他作品畅销的市场成绩不谈，从"开拓本土漫画未来发展新契机"而论，都是意义深长的。

1988 年台湾出版界十大新闻

1. 漫画文化兴起，蔡志忠独占鳌头，编译馆漫画审查制度宣告结束。

虽在前年就已露出端倪，但漫画的汹涌浪潮却是去年才大量涌现。除了报刊适用的消遣、讽刺题材之外，较为严肃的创作也大受欢迎。而能兼跨娱乐与教育两个范畴，并且同时游刃于报纸、杂志与书籍的，无疑以出道极早、漫画阅历极丰富的蔡志忠最为风光。《庄子说》探路成功之后，漫画版《老子说》《孔子说》《列子说》等随即跟进。而转移时空架构的《西游记三十八变》《水浒传》也为古典通俗文学再添一册外传。

饱受过量信息轰击的现代读者无法消化硬核般的知识内容，以漫画软化思想典籍的策略似乎特别有效。而各媒体四格漫画的专栏偶尔也提供对社会现象、人际关系或夫妇伦理的洞察，无害健康而有益消遣。

掌管漫画生死大权的编译馆也顺应舆情，取消审查，更令漫画获得实质尊重。而报纸增张之后，漫书需求增加，预估今年创作风气将再提高。

编译馆漫画审查制度宣告结束，其实也跟我有一点关系。《庄子说》《老子说》首印都送审，编译馆一字不改给了执照。时报出版社以为《孔子说》更不会有问题，执照还没发下来就先印好了 5 万本，但这次《孔子说》送审，编译馆要求修改其中一小部分内容。

编译馆漫画审查制度，来自一段新闻媒体与当局打压漫画的历史。1957 年，台湾兴起漫画热潮，新闻媒体围剿，当局刻意打压，自 1966 年 5 月开始，当局实施极为严格的漫画审查制度。

1983 年第二次漫画浪潮兴起，知名漫画家牛哥经常上媒体，跟掌管漫画生死大权的编译馆抗争，也联署一大群漫画家到法院控告编译馆，漫画家与当局展开长达四年的官司，这次新闻媒体站在漫画家这一边，编译馆自己也心虚得很。

我于星期五下午一点半到编译馆，跟曾馆长说："馆长，漫画《孔子说》已经印好了 5 万本，无论给不给执照，我们星期一必定发行，编译馆要扣押，必定闹新闻，那时再由全民来评评理吧。"

曾济群馆长从善如流，从此编译馆便取消了漫画审查制度。

后来我听说牛嫂指责我："蔡志忠抢了牛哥的功劳。"

有一次漫画家聚会碰到牛嫂，我对她抱歉致意："牛嫂，漫画审查制度宣告结束，全是牛哥跟编译馆抗争的结果，我只是压倒骆驼的最后一根稻草。"

接受媒体采访

当初台湾只有师大、文化学院、艺专三个大专院校设有美术系，但几乎所有的漫画家都来自复兴美工，很少有漫画家上过大学。因此诗人、作家和新闻专栏作家误以为漫画家只会画漫画，没有文化，而瞧不起漫画家。

由于自己没有亮眼的背景，加上台湾漫画家长期被人看不起，在我最火红之时经常接受媒体访谈，被访谈时我总是很强势高调，常称自己多才多艺，智商高，学问又好，很不像我腼腆、害羞的个性。

其实我是在为台湾漫画家平反，文化界人士原本就已经看不起漫画家了，如果我再宣称自己不怎么样，表现得很谦卑低调，诗人、作家们更认定漫画家本来就应该被看不起。

自从漫画诸子百家系列畅销，媒体广为报道之后，台湾地区的文化人再也不敢看不起漫画家了，因为我是在他们的战场——文学类畅销排行榜打败他们的。

第二次打压漫画

接连 10 个月漫画《庄子说》都是畅销书第一名，不但如此，排行榜第二名、第三名、第四名也都是我的同一系列作品:《老子说》《孔子说》《列子说》。

其他出版社和畅销书作家都受不了了，他们说:“万一蔡志忠出版十本书，那么我们岂不是只能争抢排行榜第十一名了？”

众人纷纷跟金石堂建议:“漫画书不能归类为文学类,应归儿童类，只能摆在地下室。”

金石堂连锁书店企划部经理陈文棋挡不住这股强大的抗议潮，只好依建议将漫画书全部扫到地下室角落，才平息这段风波，这也是漫画第二次被打压。从 1984 年开始，由台湾《中国时报》带头兴起的第二波台湾漫画高潮也因此慢慢退去。

直到后来漫画出版社跟金石堂达成协议，漫画书不再参与文学类畅销书排行榜，才获准摆回一楼新书类。

漫画诸子百家系列虽然在台湾地区热度退去，但旋风蔓延到日本、韩国、泰国、中国内地及中国香港等地，谁也挡不住这股漫画狂潮。

进入中国大陆

有一天，滚石老板段钟沂给我打电话："英国章鱼出版公司想出版你的系列漫画。"

1988 年 6 月 30 日我飞到香港，跟章鱼出版公司亚洲经纪人欧阳英见面，洽谈英国版权。

第二天早上九点，香港商务印书馆陈总与香港三联书店总经理董秀玉请我在铜锣湾李园饭店二楼喝早茶。席间，董秀玉无心喝茶，她一直在说服我："你那套漫画诸子百家让我们出版吧。"

我说："早已经跟香港博易出版社签约了。"

董秀玉说："我说的是大陆，不是香港。"

我说："好，版税 10%，依印刷量付钱。"

董秀玉说："行，就这么说定。"

1989 年 2 月 15 日，我从东京直飞北京，日本讲谈社漫画单行本主编阿久津与北京三联书店总经理沈昌文到机场接我。

沈先生在车上问我：“蔡先生在北京想认识谁？我可以安排。”

我说：“我想认识棋圣聂卫平和画家韩美林。”

沈昌文先生人脉广，几天后我在天坛东路81号中国棋院跟聂卫平见面，还跟他搭档打了四副桥牌。我送他几本自己的作品，换得一副名贵的围棋云子。

接着又在北京饭店206房跟韩美林见面，我拿一沓美元想跟他买画，韩老师说得爽快：“我的画只送不卖。”

当天晚上还邀请我去他家吃饭，临走时，韩美林果真爽快地送我两幅画。

两位大师都是性情中人，我们一见如故，此后二十几年一直都是好朋友，我还跟聂卫平搭档组队，赢得几个桥牌冠军奖杯。2014年12月21日第二届“韩美林日”，我到通州韩美林美术馆，特地跟韩大师致贺词。

有一天，沈先生派司机接我到一个大学研究室去见邓林。原来邓女士是我的粉丝，一两年前她便取得我台湾版的所有作品。后来再到北京跟她吃过几次饭，从台北带来86本桥牌书籍和整套台湾版的漫画诸子百家，请她转送给她的父亲邓小平。

1989年3月1日早上九点，漫画诸子百家系列正式在大陆推出，在王府井新华书店举办签售活动。读者为了跟作者见面签名，在飘着细雪的严冬街道，队伍排了1000米长。第一次看到这种场面，我感动得不得了。新华书店进的21000本书，当天便销售一空。

回台后，媒体问我：“北京如何？”

我说：“北京很冷，但人心很热。”

我与邓林

我常常忙得没时间总结人生，但看着满屋的收藏与各式各样的作品，心里也是非常安慰的，此生总算没有虚度

第九章 移民温哥华

人人都在寻找天堂，
每个人的天堂都不一样。
寻找美丽的家园，
是所有生命的梦想。

20世纪六七十年代，台湾地区资源缺乏，很多人都设法移民美国。

曾听温世仁说："大学男生没宣称自己要留学美国，便交不到女朋友，女学生也宣称自己有在美国留学的男朋友。"

我太太年轻时，每个周末都到南阳街补习托福，很想一圆美国梦。女儿上小学一年级时，从《时报周刊》知道洛杉矶有很多台湾小留学生，当时她便想独自一人到加州当小留学生。

我当时很喜欢买房子，看了德尼罗主演的电影《纽约，纽约》，第三段故事有纽约苏荷区画室的场景。

我问旅居纽约苏荷区的台湾画家杨炽宏："纽约苏荷区老旧仓库改装的画室，一间大约要多少钱？"

杨炽宏说："大约 20 万美元。"

当时便很想到美国购买纽约苏荷区艺术家作为画室的一间大仓库。

1989 年 7 月 1 日，一个因缘际会，我到温哥华买了一栋景观很美的海景别墅，顺便为全家办了投资移民，一圆老婆、女儿的美洲梦。

女儿与我

从小女儿常跟我在一起，因为我很独立又不太讲话，女儿也跟我很像，独立自信得超乎寻常。

女儿一岁半左右，有天晚上我载她出去吃饭，回到家我先打开靠人行道的车门让她先下车，我用大锁锁好车子从马路侧下车，发现她由车后走到马路过来找我，刚好一辆大卡车高速驶来，差一点点轧到她，吓出我一身冷汗。

我当下决定教她马路如虎口这件事，于是跟她走到斑马线，要她一个人过马路，只见她左顾右盼如履薄冰快速跑过马路。我又要她从对面再过马路回来，她又如法炮制，跑回来。

从此我跟她过马路一定不牵她的手，看好路面高速行驶的车子便是她的事。

我们无法照顾子女一辈子，所以尽早教他们独立自处。父母该什么时候放手？

在他能站起来时，放手让他自己走；

有思考能力时，让他自己决定事情。

诚如我们会因为父母放手让我们自己做什么而感谢他们，因为不让我们做什么而埋怨他们一样。

我的父亲如同世代务农的祖先一样，很明白自己无法教导一个要到台北画漫画的小孩，他所能教的便是跌倒要自己爬起来的独立勇气。

我受父亲无为而治的影响，让我有机会选择自己的最爱完成梦想，我也将这个传统传给我的后代，对于将去美国留学的女儿，我能教导她的就是独立思考，勇于做自己，失败了擦干眼泪再站起来。

纪伯伦说：

孩子是通过你们而来，却不是因你们而来。他们是生命的子女。

父母是弓，小孩是箭。弓只能帮助箭到达箭自己要去的地方，尽力拉开弓，愉快地放开你的手：让爱的箭飞向它的梦想。

女儿蔡欣怡所绘《我的爸爸》

把爱给他们，却不能给予思想，因为他们有自己的思想。努力教育他们，却不可企图让他们像你。因为生命不会倒行，也不滞留往昔。

1990 年 5 月 1 日，由于我太太工作尚未结束，我跟女儿先移民加拿大。抵达温哥华后，前两个星期忙于买家具，布置新家，安排女儿到住家附近的西温中学注册上学。

有一天接女儿放学，在车上我问她："你们班上有几位台湾同学？"

女儿说："每堂课同学都不一样，没有所谓我们这一班。"

我问："我听不懂，是什么意思？"

女儿说："上学第一天，校长派一位同年级加拿大女同学，要我所有的课都跟着她，依她所选的课上学，每堂课不同教室不同同学。"

我很惊讶："初中就要选课？"

女儿说："是的，但有很多必修课，男生要学裁缝、烹饪，女生也要学木工。"

外国教育的观念比中国正确多了，让孩子多方尝试，才能选择真正的爱好。

有一天女儿下课回家，高兴地说："全班都说我是数学天才。"

"哇！在台湾上课时数学经常不及格，怎会是数学天才呢？"

"数学老师也夸我是数学天才呢。"

"怎么个数学天才法？说给我听听。"

女儿说："今天老师教九九乘法表，九九八十一、三七二十一、五六三十、七八五十六，老师一说，我立刻说出答案，全班都很惊叹！"

台湾小学生三年级就将九九乘法表背得滚瓜烂熟，加拿大到八年级才教九九乘法表，女儿因此被误认为是个数学天才。

我跟女儿说：“现在你的问题很严重，大家都认为你是数学天才，如何不让别人发现你原本是数学白痴？”

从此女儿便用心学习数学，一两年时间便从一个数学白痴变成数学天才，由于数学的成功经验，她变得更有自信。几年后，她自己申请美国大学，有四五个大学同意她入学。

她问我：“四五个大学中，选哪个大学最好？”

我说：“上哪个大学不重要，在大学中学会什么才重要。”

17 岁时，女儿独自到美国加州，自己租房、租家具、租车，自己打理生活，只花五年时间便念完洛杉矶与旧金山两所大学。

由女儿的例子说明：

正确的教育方法不是纠正学生的错误，而是鼓励。

好事需要鼓励才能持久，

鼓励是使人奋发的原动力，

缺乏鼓励，绿洲会变成沙漠。

我因为画画，衣服袖口总会弄得很脏，我太太很会洗衣服，每次都将袖口洗得很白。

我称赞她：“哇！你怎么那么厉害，可以将袖口洗得那么白！”

她为了证明自己可以洗得更白，拼命刷，每件衣服的袖口都被她刷破了。

她也很会煮菜，我称赞她：“哇！你做的竹笋排骨汤非常好吃。”

于是餐餐竹笋排骨汤，由于我天天吃竹笋，组织胺摄取过多，得了荨麻疹，此后几年只要一吃竹笋便过敏。

曾听星云大师说过一个故事：

有一位先生很爱吃鸭腿，每天到菜市场买一只鸭，每天吃两只鸭腿。后来觉得天天买鸭不是办法，于是便在家里的后院养了一大群鸭子，要求太太每天宰一只鸭子，他就可以每天吃到两只鸭腿。

有一天，太太只端来一只鸭腿，第二天、第三天，太太还是只端来一只鸭腿。他奇怪地问太太：“怎么现在只有一只鸭腿呢？”

太太说：“因为鸭子只有一条腿啊！”

先生说：“每只鸭子都有两条腿，怎么可能只有一条腿？”

太太说：“不信你跟我到后院看。”

两个人到了后院，果然看到每只鸭子都用一条腿站着。

先生说：“哈哈哈！鸭子站着时，习惯将一条腿缩在腹部啊！”

于是先生大声拍拍手，鸭子们便露出两条腿跑开了。

先生说：“你看每只鸭子不是都有两条腿吗？”

太太说：“对啊！要拍手鼓掌，才会有两条腿啊！”

自学英文

适应移民生活，第一个会遭遇的就是语言问题。很多人学了十几年英文，遇上外国人仍结结巴巴不敢开口说英文，怕自己说得不正确

我热爱思考，擅长自学，此生不渝

被人家笑话，这是严重的错误观念。

试想，我们走在北京街头，一个老外用很不通顺的普通话跟我们问路，我们只希望他能多说几个正确单词，以了解他真正的意思，然后再帮助他而已，有谁会笑他普通话说得不溜呢？

同样，一个中国人在外国英文说得不正确也是很正常的事，没有人会笑话我们。

我擅长自学，上学时，老师说“学以致用”，我总认为学习不是“学以致用”，而是倒过来，“用以致学”才是有效的学习方法，一句话，我们用过了便永生难忘，学数学、学语言都是如此。

移民温哥华之前，我只会说 Thank you 和 Bye bye。由于我深信“用以致学”，学习语言必须要到当地，从生活中学习会事半功倍。

新移民刚搬进一个小区时，不要一个人四处乱逛，邻居不知道有新移民入住，会引发他们的疑虑，误以为是偷渡客而报警。

所以要牵一条狗，到小区周边散步遛狗。

看到隔壁加拿大邻居，便对她说：“Hi!”。

邻居太太回答：“Good morning.”。

走到第二家，又说：“Hi!”。

第二家邻居太太说：“Good morning.”。

Good morning 复习两三遍，发音正确了之后，走到第三家改说：“Good morning.”。

第三家邻居说：“Beautiful days.”。

走到第四家邻居又说：“Good morning.”。

第四家邻居说："Beautiful days."。

Beautiful days 复习发音几户之后，遇到下一户邻居，便改说"Beautiful days"。

"Where are you from?"

"I am from China."

"Where are you living?"

"I am living there." 手指着自己的家。

邻居兴致大开，想交你这个新邻居，而你因为词穷，只好说"Sorry, bye-bye"，赶紧闪人回家。这样每天固定一趟散步遛狗时学习英语，时间久了，便慢慢学会英语。

学习任何语言当然得背大量单词，在背单词之前要先想通记忆的真理：

> 记忆不是要记进去，
>
> 而是要用时取得出来。

人的大脑有如存放东西的抽屉，钥匙乱放，要用时找不到，把钥匙放进抽屉，要用时便能取出来。问题是抽屉里已经有 100 万把钥匙，钥匙一放进去便找不到了。

正确的记忆方法是："记住取出来的方法，而不是记进去。"

可以想象得到：抽屉里放 100 万把钥匙，钥匙越大串越容易找到。记忆英文单词也一样，单词联结得越大串越容易记住，单一个单词反而不容易记牢，因此背诵英文单词要用图像串联记忆法。

记得年轻时，曾在《读者文摘》看到一篇关于记忆的文章。我们很难记住酱油、盐巴、西瓜、衬衫、浴缸五种完全不相关的名词，但如果我们把这五种物品组合成一幅荒谬的画面：

一个人穿着衬衫，

坐在浴缸里用酱油洗澡，

边撒盐巴边吃西瓜。

便很容易记住酱油、盐巴、西瓜、衬衫、浴缸这五件东西，这就是有效的图像记忆法！

我学日文只花三个月，学英文根本不需要背单词。只要用画面思考，画面记忆，几分钟内就可以背一大串英文单词。

英文单字符串联记忆法

例如英文单词图像记忆法：

首先画出笛卡儿坐标，

X（平行线）与 Y（垂直线）相交：

把 A、B、C、D、G、T、Z、PH、ST、TB 写在垂直的 Y 轴，

平行 X 轴写上后续字母 ONE，

组合起来便一口气牢记 10 个英文单词：

AONE 头等

BONE 骨头

CONE 圆锥体

DONE 完成

GONE 消失

TONE 音色

ZONE 区域

PHONE 电话

STONE 石头

TBONE 丁骨牛排

相同的，把 L、D、P、SP、B、SH、M 写在垂直的 Y 轴，平行 X 轴上写后续字母 ARK，然后将它们组合起来。

然后再把它们串联成一个故事：

一只云雀（LARK）去一个黑暗（DARK）的公园（PARK）透过星星之火（SPARK）在树皮（BARK）上雕刻鲨鱼（SHARK）的商标（MARK）。

背一个英文单词，免费送一个单词，买一送一记忆法：

爱 LOVE 的前面加 G 就变成手套 GLOVE

痛 PAIN 的前面加 S 就变成西班牙 SPAIN

雨 RAIN 的前面加 T 就变成火车 TRAIN

雨 RAIN 的前面加 B 就变成脑 BRAIN

容易 EASE 的前面加 PL 就变成请 PLEASE

倾听 LISTEN 的前面加 G 就变成闪光 GLISTEN

赢 WIN 的前面加 T 就变成孪生子 TWIN

现在 NOW 的前面加 K 就变成知道 KNOW

故事 STORY 的前面加 HI 就变成历史 HISTORY

国家 NATION 的前面加 CAR 就变成康乃馨 CARNATION

于是我们便可以把它记忆成为：

手套是 G 的爱，闪光是 G 的倾听，西班牙是 S 的痛，火车是 T 的雨，孪生子是 T 赢，脑是 B 雨，请是 PL 容易，康乃馨是有 CAR 的国家，知道是 K 的现在，历史是 HI 的故事。

我观念正确，不会为英文说不好而觉得害羞，有时说不出整句，只要说几个单词，通常老外也会理解我们的意思。

有一次我跟加拿大邻居 Jem 一起开车到别的州比赛桥牌一星期，回程路上 Jem 跟我说："你的英文回程比去程进步多了。"

我说："当然，是这个星期跟你学的。"

失去战场的将军

1990 年左右，温哥华的华人移民大多来自中国的台湾、香港，影星岳华、恬妮、顾眉，作家亦舒，画家杨善深、董培新都先后移民温哥华。西温的别墅区几乎住满来自台湾、香港的华人，当地加拿大居民都很不满移民炒高了温哥华房价，一个个搬离华人密布的西温高级别墅区。

相对于台北，温哥华的房子很便宜，我买的房子屋内 300 多平方米，加上两侧花园，土地大约 1500 平方米，只花了 73 万加币（相当于 330 万人民币）。位于西温高速公路 4000 米出口，华人很少的 Rack Ridge。我们家是小区最高点，隔着海，白天景色可一览史丹利公园、温哥华市区和 UBC 大学，晚上夜景万家灯火星光闪烁更是美丽。

当时我所认识的台湾、香港朋友，95% 以上移民都无所事事，人人像失去战场的将军，不可能以自己的才学在温哥华赚钱做事。

平时早上，太太们都相约到中国城买菜、饮茶、闲话家常。下午则到其中一户人家喝下午茶，唱卡拉 OK，交换八卦。

男人们则一起去打高尔夫球，或相约到玉麒麟中国餐厅或浪花、一级棒日本酒馆喝酒吃饭。以过去在台湾所赚得的财富，享受温哥华天堂般的生活。

拜杨善深为师

有一次，跟一桌香港朋友吃饭，席间有对老夫妻默默地吃饭。朋友介绍说：“这位是岭南画派知名画家杨善深。”

我礼貌性致意：“哦！杨老师，我是漫画家蔡志忠。”

朋友在旁怂恿：“杨老师，蔡志忠是国际知名漫画家，你要不要收他为徒啊？”

杨老师没直接回答，说了一句：“哦，台湾知名作家施叔青也是我的弟子。”

我说：“施叔青的妹妹作家李昂是我的校友，我跟她是好朋友。”

杨老师与我都不置可否，众人看我俩都没反对，便七嘴八舌主动选好拜师的时间和地点，大家约好一个星期后拜师。

杨老师虽然 90 岁高龄，但身体很好，每天早上好几位香港友人陪他去晨泳，即便冬天气温零度也游冷水，香港插画家董培新也经常陪他晨泳。

董培新是我的偶像，跟我一样，他也是 15 岁出道，是香港最著名的插画家。年轻时我曾收集他的插画作品，剪贴成一大本董培新插画图录，知道他也移民加拿大时，便把这本剪贴簿送给他：“这是你年轻时代的作品，送给你更有意义。”

董培新收到剪贴本，当场感动不已。

温哥华高尔夫球场设有免费果岭，提供新手试杆，我常约董培新去免费果岭胡乱推杆。有一天，我又跟董培新到高尔夫球场玩推杆。

董培新说：“恭喜你明天要拜杨善深老师为师。”

我问他：“你陪杨老师晨泳很长时间，怎么没拜他为师？”

“我也想拜杨老师为师，但不敢跟他讲。”

“明天你和我一起跟杨老师拜师。”

“他要收你为徒，又不是我。”

“交给我，我打电话跟杨老师说。”

回家后，电话中跟杨老师说了这件事，杨老师欣然同意。

1992 年拜师大典在温哥华佳宁娜酒店举行，由香港影星岳华当主持人。到了现场我才知道岭南画派的拜师规矩。杨老师客气地不愿接受三拜九叩大礼，我跟董培新还是恭请师父师母坐上太师椅，进行三拜九叩拜师礼，并跪在地上向师父、师母献茶，两位老人家则分别给了我们一个 200 元加币的红包。这时我才发现自己没准备敬师礼，董培新也不懂拜师规矩，我们尴尬地收了师父师母 800 元加币。还好，拜师宴的两桌酒席是我付钱的，减轻了不少罪恶感。

席间，我向大家透露：“我画大醉侠人物的灵感源于岳华所主演的电影《大醉侠》，岳华就是大醉侠。”

有人问：“岳华一点儿酒都不喝，怎么会是大醉侠呢？”

岳华插口说：“我是不喝一点儿酒，只喝大杯酒。”

《世界日报》的文化记者也到场观礼，连续三天报道这则难得的温哥华画坛盛事——岭南画派大师杨善深新收关门弟子。

董培新年纪比我大 6 岁，算是我师兄，《世界日报》说我是杨善深的关门弟子，不知道杨老师后来有没有再收新弟子。

岭南画派是继海上画派之后崛起的体系最成熟、影响力最大的画派，由高剑父、高奇峰、陈树人三位所创立，在广东很有影响力。

杨善深是高剑父年纪最小的弟子，我拜杨老师为师时，他已高龄

90 岁，我算辈分很高的岭南画派第三代。

2009 年，入驻杭州以后，我也收了很多位弟子，拜师礼也沿用岭南画派的隆重仪式：弟子必须跪拜、叩首、敬茶，礼敬师父、师母。

这是为了把拜师当一回事，而不只是嘴巴说说。拜师其实不只是礼拜眼前师父，而是学习岭南画派整个师门，也向中国美术史上的所有大师学习。

决定研究佛陀思想

我从小便很喜欢工作，过不惯温哥华每天无所事事、吃喝玩乐的生活。有一天，我躺在玻璃屋，仰望天空中的白云，突然觉得自己很丢脸，竟然抛弃育我养我的台湾这块土地。

心想：我毕竟是比较有能力的人，应该为比较没有能力的大众多尽一点心力。

从前我个人认为主动为别人做好事是错误的想法，每个人只要尽情发挥自己，才是正确的。

如同花爱开、树爱长、云爱飘、风爱吹、水爱流，它们只是展露本性，别人却由于它们发挥自己而获益。

自从这个“多为别人做点什么”的想法深植我心之后，我便开始搜寻应该为别人做什么。没多久，我终于找到新的目标，决定要画佛经漫画！

佛经是佛陀对弟子们的演讲，众弟子听完佛所说，欢喜奉行。然而 1600 年前所翻译的佛经有很多专有名词，今天很多信众只是将它拿来唱颂，并不了解原意，当然无法依佛所说“欢喜奉行”。

两个月后，太太到温哥华报到，我跟她说：“如果哪天老死温哥华，我一定会痛哭。无论你们是否留在加拿大，我不想老死在这里，我要回台北画佛经漫画。”

我告别家人，回台北之后便开始大量看佛经，研究佛学名词、佛陀思想。三年后，我开始画《漫画佛陀说》《漫画心经》《漫画南传法句经》《漫画北传法句经》等一系列佛经漫画。

这期间，我在台北、温哥华两地来来回回 26 趟，每次在温哥华住一两个星期，总共住了 223 天。

入籍法官面试

依加拿大移民法规定：移民四年内在加拿大住满 1000 天，便能申请入籍加拿大。

我太太和女儿这四年都待在温哥华，她们两人都达到了这项要求，我则来回温哥华与台湾两地，只有 223 天真正住在加拿大，远达不到入籍申请规定。

1995 年 5 月 20 日，我们一家三口依申请通知的时间，开车前往入籍法官办公室面试。

路上我太太说：“你要跟入籍法官说因为你是作家，需要到世界各地考察，因此才四年内没在加拿大住满 1000 天。”

我说：“你别担心，这件事交给我。”

进入加拿大入籍法官办公室，入籍法官正在看我的资料，抬头对我说：“你有很大的问题。”

我用英文跟入籍法官说：“我知道，不过这也是加拿大的问题。”

法官问：“怎么说？”

“我们家在温哥华住了四年，能否给我四分钟，让我说说我自己？”

“当然。”

“移民加拿大前，我只会说 Thank you 和 Bye bye，我保证将来英文会进步更多。”

“了解。”

“我是个好的园丁、室内装潢设计师。”

我给他看温哥华家中种满竹子、银杏、中国绣球的庭院和挂满水墨罗汉的室内照片，室内外充满奇异的东方色彩。

又拿出刻着我名字的桥牌冠军奖杯，我说：“我是桥牌高手，这是 1992 年温哥华桥牌年度总积分冠军奖杯。”

接着又拿出 20 本各国版本的漫画诸子百家：“我是国际知名漫画家，出书超过 100 本。我也是畅销作家，这套书被翻译成几十种语言，在很多地区是畅销书第一名，全球卖了 3000 多万本。《漫画禅说》这本书目前是北美地区畅销书前 10 名，你在任何温哥华书店都可以买得到。”

我接着说：“我是个很特别的人，希望你给我特别的 Pass，对我

漫画诸子百家内文插图

有好处，对加拿大也有好处。”

入籍法官听完，大笑着鼓掌拍手，很高兴地对我特别 Pass 了。

入籍面试通过后，法官问我：“我不明白你这么优秀，为何要移民？”

我说：“我移民温哥华，跟 200 年前英国人、法国人移民加拿大的原因相同。寻找美丽的家园，是全世界所有生命的梦想。”

我知道很多人，在移民期间，台北、温哥华两地来回飞行，因此都无法达到移民法规定，除了我以外，几乎没有人通过入籍法官面试。

我这么自信的原因，是深知一个国家广纳移民的真正原因：

> 接收移民无非是希望更多年轻优秀的人才进来，以改善人口结构。
>
> 如果无法证明自己特别优秀，便只能依规定四年内在加拿大住满 1000 天。

我深信，只要能证明自己特别优秀，加拿大移民法的入籍规定便不存在。

收集铜佛是我的一大爱好

第十章 | 闭关十年

生命不是用来换取名利的，

而是尽情做自己，完成自己的想望。

计算机公司顾问

1995年10月中旬，我接到一个电话："我们是英业达计算机公司，想请蔡志忠先生当我们的顾问。"

我说："别搞错了，我是计算机白痴。"

对方说："我们公司有两万名计算机专家，我们要的是你的智慧。"

我不会计算机，却离奇地当了计算机公司顾问。讲好条件，顾问费一年 72 万台币，每个月要陪老板温世仁吃一次午饭，有时还得到英业达大陆分公司演讲。

温先生兄弟四人，分别叫作温世仁、温世义、温世礼、温世智，如果他还有个弟弟必然取名温世信，仁义礼智信五常俱全。由此看来，他父亲蛮喜欢儒家思想。

温先生是家中长子，父亲早逝，自小兄代父职，帮助母亲分摊家计，含辛茹苦地扶持弟妹长大成人。1970 年于台大毕业，1971 年于台大电机研究所就读期间与林百里共同研发出台湾第一部计算机，获得台湾第一届青年创业奖章。

温世仁信奉“工作是使命感，也是享受”的理念，他深信文化是人类命脉，科技必须植根于文化，否则即失了根。

他从事计算机科技，同时也是未来学专家，我跟温先生在上海华亭饭店相谈七天，内容是网络时代计算机科技未来发展。他很善于演讲，主题大都关于企业经营和人生的成功经验。

我把他的“成功”“致富”“快乐”三篇演讲稿合起来，编辑成《成功致富又快乐》，交给大块文化出版，市场反应热烈，大约卖了 10 万本，成为台湾畅销书。温先生从马来西亚槟城家中打电话向我致谢：“谢谢你，出版这本书，比生了儿子还高兴。”

我说：“那是当然的啦！儿子是你跟老婆合资，这本书是你自己独资，当然更高兴。”

从此温先生一发不可收拾，接连出版《台湾经济的苦难与成长》《前途》《东亚金融风暴》《领袖》《教育的未来》好几本书。

创立明日工作室

1997 年 12 月下旬，有一天中午我和温先生在王品餐厅吃台式牛排。

温先生说："替我聘请几位作家和编辑，我想成立明日工作室。"

我说："你真下定决心写作啦？"

他说："是的。"

我帮忙找了几位作家和编辑，1998 年 2 月 2 日，农历新春初六，明日工作室正式在敦化南路成立，那天刚好是我 50 岁生日。

温世仁说："我每个月必须到日本、美国各地出差开会，你来当明日工作室总经理，年薪 1000 万台币。"

36 岁结束龙卡通时，我便发誓："从此绝不切割生命换取名利。"加上当时我每年全球各地版税收入也有 1000 万，因此我回答说："我自己一个人吃一块牛排吃得好好的，不想为了吃两块牛排而吃得很累。"

温世仁还是把我列为明日工作室共同创办人，登记为 20% 股东。

尽管温先生工作繁忙，却仍勤于著作，开始创作长篇武侠小说《秦时明月》及《媒体的未来》《企业的未来》《网络创财富》《英语直通车》《电脑一见通》等多部作品，后来更是成立动画公司，有计划地将《秦时明月》制作为 3D 动画电影。

2000 年他到甘肃黄羊川拜访时，就下定决心要帮助当地农民。

2002 年温世仁成立千乡万才公司，实施“千乡万才计划”，协助大陆 1000 个乡，利用远程教学，为当地培养通晓英文及软件的工程师。

2003 年 12 月 4 日早上，温世仁不幸中风，三天后病逝。办好丧事之后，温先生的两位弟弟温世义、温世礼约我，跟我商议：“我哥哥有意给你这份遗产，我们想买回明日工作室你的 20% 股权。”

我说：“你哥哥只是借我的名字登记股东，并非有意给我遗产，我不会跟你们拿这些钱的。”

放着接近 6000 万台币不要（当时明日工作室的总股本为 3 亿台币），看似好帅、气度很大，其实我只是恪守个人为人处世的原则，我自己还有饭吃，不肯拿一毛钱非分之财。

铜佛收藏

1990 年至 1993 年我研究了三年佛陀思想，准备动手画成漫画完稿出书之前，由于不能决定是把佛陀画成像《西游记》里的中国式佛陀，还是偏袒右肩在森林修行的印度式佛陀，于是到古董市场想买几尊佛陀造像来参考。光华古董市场只有铜佛，没有木雕佛像。我花 10000 台币买了一尊早明铜佛。回家后，把铜佛摆在书桌的灯光下：“哇！铜佛好美、好美哦。”

真想不到一尊 600 多年前的铜佛竟然只要 10000 台币！当下我决定开始收藏铜佛，当时平均每三个星期一次，搭机到香港收购铜佛。香港几十家古董店集中在上环荷里活道（又称荷李活道）、摩骆街、永吉路交接处开店，形成市集——香港古董街。

1992 年至 1994 年，香港古董街人行道上铺满了来自中国各地的各种古董：西汉高古铜器、北魏佛菩萨石雕、北魏胡人彩陶、唐代仕女彩陶、唐马彩陶。字画文玩，琳琅满目，不一而足。我不是家产万贯的富豪，只能针对单一目标——中原铜佛像——进行收藏。

拜师新田栋一

1995 年春节，我到台北“故宫博物院”参观文物，在商店买到一本《新田栋一中国鎏金铜佛收藏图录》，赫然发现全世界鎏金铜佛收藏最好的人是新田栋一。从书中简介得知，原来新田栋一是台湾人，本名彭楷栋，几年前他所收藏的鎏金铜佛曾在台北“故宫博物院”展出。

我跟台北“故宫博物院”院长秦孝仪要了新田栋一的电话和东京地址，便飞到日本东京原麻布朝日电视通利新田栋一住所，按响了他家门铃。我递给管家一本各国媒体采访我的剪贴簿，说是来自台湾、非常热爱铜佛的知名漫画家求见。

没多久，管家领我进入屋内跟新田栋一见面。他从媒体采访剪贴簿知道我确实很有名，不是坏人，便热情地邀请我住在他的豪宅。

我说：“我非常喜欢中国铜佛，已经收藏了好几百尊。而全世界鎏金铜佛收藏得最好的人就是你，我想跟你学习。”

他说：“谈不上如何教你，我们互相学习吧。”

新田栋一是超级富豪，在东银座有两栋自己的大楼，他的家位于东京最贵的地段，东侧窗口正对着东京铁塔，整栋豪宅共有五层，每层 300 平方米，屋内附设电梯。一楼是四间收藏品展厅，分别展示中国、日本、韩国、印度及东南亚鎏金铜佛收藏，很多展品稀有精致得很吓人。

相处七天中，他跟我说收藏鎏金铜佛的因缘，也带我到东京各地古董店买铜佛。我离开东京之前，他大方地送我一尊北魏鎏金小板凳佛作为见面礼，并以四分之一价格让给我 37 尊鎏金铜佛。

我跟新田栋一买 37 尊鎏金铜佛的经验很特别。已经讲好总价 1000 万日元，当我在他面前数日币给他时，他突然说："舍不得啦，舍不得你花这么多钱买佛像，算 500 万日元好了。"

我说："谢谢您。"

我继续数钱、数钱、数钱，他又说："舍不得啦，舍不得让你花这么多钱，算你 250 万日元好了。"

我笑着说："谢谢您，然后呢？我等您，看您还要不要继续再减。"

他瞪了我一眼，也笑着说："好啦，好啦，就算 250 万日元，不再减啦！"

一个月后，为了洽谈台北"故宫博物院"要购买他的 32 尊鎏金铜佛，新田栋一再度来台湾，住在我家对面的君悦饭店。一见面他就半开玩笑地说："给我当儿子好吗？"

我也半开玩笑地回答："好啊！先说好可以分得多少遗产。"

他瞪了我一眼不再说什么。他有三个儿子，老二新田建的年纪跟我很接近，三个儿子都对鎏金铜佛没有兴趣，更别说对铜佛有什么研究了。

新田栋一在台湾期间，我除了陪他到台北“故宫博物院”洽谈收购铜佛事宜，还每天早上八点在饭店房间内陪他吃早餐，整整一个月他细说自己充满传奇的一生：

他 1911 年 10 月 5 日出生于台湾新竹县竹北的小渔港，出生前 3 个月，父亲便因为出海捕鱼而死于海上。

15 岁离开台湾只身到日本创业。第二次世界大战结束后，他在东京创立第一间夜总会，做美军的生意。他也是花式撞球冠军。

1937 年曾当过台湾第一部闽南语电影《望春风》男主角。

看来厉害角色在各方面都不同凡响。有时他也谈到他所收藏的佛像历程和收藏过程中的精彩故事。

我跟他说：“你有四个儿子。”

他说：“我只有三个儿子啊。”

我说：“鎏金铜佛是你的第四个儿子，你得为它们安排后路。”

他说：“我走了，三个儿子会散掉铜佛，把它们变成现金，大家分掉。”

我说：“我想也是。”

他语重心长地说：“我会认真考虑这个问题。”

2007 年 4 月 23 日新田栋一死于东京，享年 96 岁。过世之前，他

我收藏的铜佛

把住家豪宅卖给了日本茶道千利休的第十三代传人。把日本、韩国的收藏捐赠给东京国立博物馆，把印度、东南亚的收藏捐给美国纽约大都会博物馆，把400尊中国鎏金铜佛捐给台北“故宫博物院”。

2007年12月，我代表新田栋一家人，在台北“故宫博物院”替他捐赠最后50尊佛像。

捐赠仪式中，我发表感言：“我爱铜佛，感谢新田栋一老师生前做了一件好事，替他一生所收的鎏金铜佛找到最好的归宿。”

从认识新田栋一的过程，我敢于登门按门铃，最主要是深知我爱铜佛，如果对方也真心爱铜佛，那么必定一见如故、相见恨晚，绝不会被拒于门外。

我一生曾多次主动认识一个人，或主动应征求职，因为我总认为生命苦短，想跟一个人相识，或让别人发现自己的才能，期待因缘际会、随缘相遇的概率很小，不如亲自行动登门造访。

但自己得有诚意并准备充足，我总是随时准备个人作品册子和各国媒体采访剪贴簿，一亮出来不用言语说明，对方立刻非常清楚我是什么样的人。

与星云大师结缘

几年后，我已经收藏460尊铜佛。有一次接受《财讯》杂志采访，专访中提到我准备收藏1000尊中原铜佛像。

那期《财讯》杂志出版之后，我接到电话：“我们是佛光山，找蔡志忠先生。”

“我就是。”

“星云大师想到你家拜访你。”

“欢迎欢迎，大师亲自来，真不敢当。”

两天后，星云大师和五位随侍比丘带着五大箱19尊新铜佛送给我。

星云大师说：“听说你发愿收1000尊佛像，想送你几尊助你早日达成愿望。”

我说：“谢谢大师。”

星云大师看了我满屋子收藏，不好意思地说：“原来你收藏的是古董啊。”

我跟大师致谢：“是啊！不过还是感谢大师盛情。”

1996年4月23日，我到松山火车站旁佛光山台北道场回拜星云大师，跟大师谈好《漫画佛陀说》在佛光山《普门》杂志连载，《漫画心经》由佛光出版社出版。星云大师高兴地说：“我们分别以自己的方式，一起来传播佛法。”

我说：“是的，大师。”

半个小时会面相谈结束，大师请随侍比丘带我参观佛光山台北道场。

一路参观到顶楼禅房，随侍比丘说：“很多信士每天上班前，先到这里来打坐半个钟头。”

随侍比丘说着说着，便以手盘腿，上禅床示范金刚跏趺坐的打坐姿势。我说：“哇！原来可以手盘腿做金刚跏趺坐！”

随侍比丘说：“当然，否则盘不了腿。”

当天晚上九点二十分我第一次闭目打坐。

研究物理的缘起

我不知道自己出了什么问题，经朋友介绍，到台大电机所 440 研究室找李嗣涔教务长（几年后，李嗣涔升任为台大校长）。也因为这个机缘，引发我闭关十年研究物理。

1971 年，台湾的陈履安集合台大医院、荣民总医院与多位物理教授成立特异功能研究小组，李嗣涔教务长也是当年特异功能研究小组的重要成员。

李教授带我到台大医院，用 eeg 测试脑波。我看到李教授 440 研究室墙上贴着两张大海报，一张是元素表，另一张是放大百万倍的大脑神经元图。

我说：“这张是大脑神经元与神经突触。”

李教授说：“咦？你怎么知道？”

我说：“我也研究大脑，但只以自己的大脑作为研究对象。”

我又问李教授：“直到现在，物理界发现了多少种元素？”

李教授说：“发现百来种元素吧。”

我说：“发现自己每天越来越聪明，现在是我最聪明的时候。你能不能给我 10 个物理界尚未解决的问题，我来研究看看？”

李教授笑笑，说：“好。”

星云大师是我的好友

一两天后，李教授没低估我不是物理专业，很诚意地传真来他用心精选的10个物理问题。

蔡先生：

您要的十大物理问题，现在整理如下：

1. 目前实验所量赫伯常数所得出之宇宙年龄约在80亿～120亿年，比宇宙中最古老的球状星团150亿年还要年轻，这是怎么回事？

2. 原子是由质子、中子、电子所构成，质子、中子是由夸克所构成，夸克又是由什么所构成的呢？

3. 宇宙中的暗物质到底存不存在？如果存在又是什么样的结构？

4. 似星体的发光能量太过惊人，远超过核子反应所能产生的能量范围，那么是什么作用产生如此巨大的能量？

5. 太阳辐射所产生微中子之量与标准模型所预测之量不合，是什么原因？

6. 地球上的生命起源到底为何？流星所带来的有机分子？闪电所合成之氨基酸？利用有规则原子排列之矿物表面合成RNA？

7. 超光速的迅子到底存不存在？

8. 人尺度大小的宏观量子现象是否存在？要在什么条件下才存在？

9. 量子现象中的不可分割性是否可以解释和预知未来？

10. 宇宙的维度是四度还是超过四度？若有超出之维度，如何测量出来？

看不懂李教授信中所说的物理术语和暗物质、量子现象、迅子、微中子等名词，我阅读银河出版社 160 本翻译自欧美、日本的物理图书，了解这十大物理问题的真义。

接着又买天下、牛顿和其他出版社所出版的《理性之梦》《全方位的无限》《物理之道》《大地之母盖亚》《物理之终结》《费曼：何必管别人怎么想》《卡尔沙根 · 罗卡的脑袋》《一个细胞的生命》等科普书籍和伽利略、牛顿、爱因斯坦、海森堡、理查德·费曼等物理学家传记。我疯狂地看尽所有的物理书籍，一头栽入无涯的宇宙物理世界。

第一次悟通宇宙真理

1998 年 8 月底，我到香港参加"埠际杯"桥牌赛。有一天凌晨我从九龙美丽华饭店窗口望着红磡湾海面波浪起伏的点点渔火，思考如何将海天一色上下合为一个整体。

突然灵机一动，想通将点转为面、面转为体积、线转为点，能任意转化一维二维三维的数学模式，过去思考的宇宙学、银河系、量子力学霎时融会贯通。

接着又想：如果我能将二维表面化为三维立体，那么便有可能从三维宇宙思考出四维时空到底是怎么回事。

当时便决定比赛结束返台后，要闭关专心研究物理。

9月3日中午，我请时报出版社莫昭平社长在君悦饭店三楼日本餐厅吃饭，席间我说："为了要闭关专心研究物理，从今天起，我要停止所有的出版。"

于是我真的停止一切行为，开始闭关研究物理。从前我认为任何学习，无论学动画、日文、数学，只要全力以赴三个月，便能学习有成。几年前我花了三年才将佛学与禅宗完全融会贯通，物理难度超过佛学、禅学，我知道一定得花三年以上，才能有成。

第二年，我便发现爱因斯坦狭义相对论的时间论点是错的，但发现别人的理论错误不是什么成就，必须提出正确的理论公式。此后除了研究什么是正确的时间理论之外，我开始学习高等数学，因为数学是物理的语言，宇宙物理必须要用数学描述。

第六年，我终于发现正确的时间方程式。但由于我的物理研究写了将近8万页，1600万字左右，如何缩成两三万字，又能让读者看明白，是件很困难的工作。

2008年10月3日，我代表台湾地区参加北京鸟巢奥运会场举办的奥林匹亚桥牌大赛（主办单位将比赛改名为第一届世界智力运动会）。为期两周的比赛，我于比赛空当在计算机上写完《时间之歌》与《东方宇宙》两本10年物理研究心得。闭关研究宇宙物理，总共花了10年又40天，总算完成自我期许的巨大任务。如果有人问我："你一生中，哪一段时间最快乐？"我一定回答："独自一人在东京4年画漫画诸子

A'
B'
A
B
$e = \frac{V_A}{c} = \frac{1}{2}$
$e' = \frac{V_B}{c} = \frac{1}{4}$
$\Delta\lambda_B = \lambda_B \frac{1 + e'\sin(\theta' - \rho_0)}{1 - e\sin(\theta - \rho_0)}$
$\Delta\lambda_A = \lambda_A \frac{1 + e\sin(\theta - \rho_0)}{1 - e'\sin(\theta' - \rho_0)}$
$\Delta t_A = t_B \frac{1 - e'\sin(\theta' - \rho_0)}{1 + e\sin(\theta - \rho_0)}$
$\Delta t_B = t_A \frac{1 - e\sin(\theta - \rho_0)}{1 + e'\sin(\theta' - \rho_0)}$
$\Delta t_A = t_0 (1 - e)$
$\Delta t_B = t_0 \left(1 - \frac{\overline{AB} e'}{ct}\right) = t_0 (1 - e')$
物理研究手稿

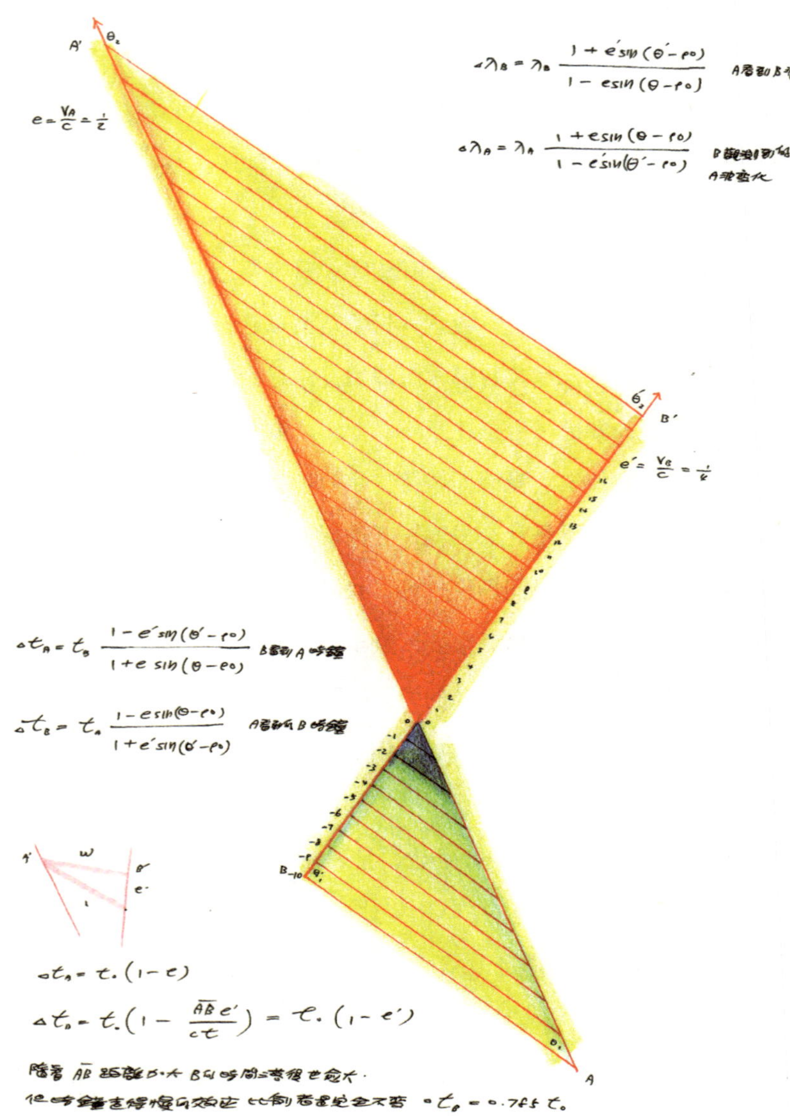

三维宇宙思考出四维时空到底是怎么回事。

当时便决定比赛结束返台后，要闭关专心研究物理。

9月3日中午，我请时报出版社莫昭平社长在君悦饭店三楼日本餐厅吃饭，席间我说："为了要闭关专心研究物理，从今天起，我要停止所有的出版。"

于是我真的停止一切行为，开始闭关研究物理。从前我认为任何学习，无论学动画、日文、数学，只要全力以赴三个月，便能学习有成。几年前我花了三年才将佛学与禅宗完全融会贯通，物理难度超过佛学、禅学，我知道一定得花三年以上，才能有成。

第二年，我便发现爱因斯坦狭义相对论的时间论点是错的，但发现别人的理论错误不是什么成就，必须提出正确的理论公式。此后除了研究什么是正确的时间理论之外，我开始学习高等数学，因为数学是物理的语言，宇宙物理必须要用数学描述。

第六年，我终于发现正确的时间方程式。但由于我的物理研究写了将近8万页，1600万字左右，如何缩成两三万字，又能让读者看明白，是件很困难的工作。

2008年10月3日，我代表台湾地区参加北京鸟巢奥运会场举办的奥林匹亚桥牌大赛（主办单位将比赛改名为第一届世界智力运动会）。为期两周的比赛，我于比赛空当在计算机上写完《时间之歌》与《东方宇宙》两本10年物理研究心得。闭关研究宇宙物理，总共花了10年又40天，总算完成自我期许的巨大任务。如果有人问我："你一生中，哪一段时间最快乐？" 我一定回答："独自一人在东京4年画漫画诸子

A'
θ₂
e = V_A / C = 1/2
Δλ_B = λ_B (1 + e′sin(θ′ − ρ0)) / (1 − e sin(θ − ρ0))
A看到B光
Δλ_A = λ_A (1 + e sin(θ − ρ0)) / (1 − e′sin(θ′ − ρ0))
θ′₂
B′
e′ = V_B / C = 1/4
Δt_A = t_B (1 − e′sin(θ′ − ρ0)) / (1 + e sin(θ − ρ0))
B看到A時鐘
Δt_B = t_A (1 − e sin(θ − ρ0)) / (1 + e′sin(θ′ − ρ0))
A看到B時鐘
B −10
θ′₁
θ₁
A
Δt_A = t₀(1 − e)
Δt_B = t₀(1 − AB e′ / ct) = t₀(1 − e′)

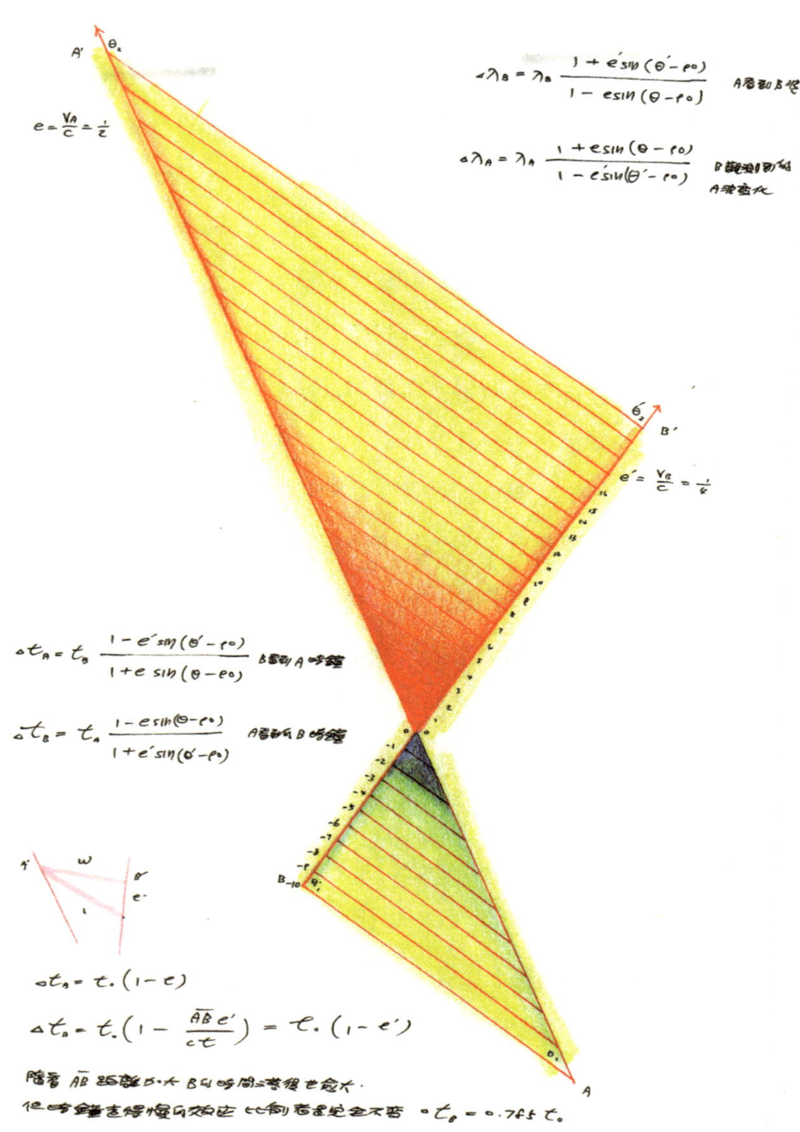

物理研究手稿

三维宇宙思考出四维时空到底是怎么回事。

当时便决定比赛结束返台后，要闭关专心研究物理。

9 月 3 日中午，我请时报出版社莫昭平社长在君悦饭店三楼日本餐厅吃饭，席间我说：“为了要闭关专心研究物理，从今天起，我要停止所有的出版。”

于是我真的停止一切行为，开始闭关研究物理。从前我认为任何学习，无论学动画、日文、数学，只要全力以赴三个月，便能学习有成。几年前我花了三年才将佛学与禅宗完全融会贯通，物理难度超过佛学、禅学，我知道一定得花三年以上，才能有成。

第二年，我便发现爱因斯坦狭义相对论的时间论点是错的，但发现别人的理论错误不是什么成就，必须提出正确的理论公式。此后除了研究什么是正确的时间理论之外，我开始学习高等数学，因为数学是物理的语言，宇宙物理必须要用数学描述。

第六年，我终于发现正确的时间方程式。但由于我的物理研究写了将近 8 万页，1600 万字左右，如何缩成两三万字，又能让读者看明白，是件很困难的工作。

2008 年 10 月 3 日，我代表台湾地区参加北京鸟巢奥运会场举办的奥林匹亚桥牌大赛（主办单位将比赛改名为第一届世界智力运动会）。为期两周的比赛，我于比赛空当在计算机上写完《时间之歌》与《东方宇宙》两本 10 年物理研究心得。闭关研究宇宙物理，总共花了 10 年又 40 天，总算完成自我期许的巨大任务。如果有人问我：“你一生中，哪一段时间最快乐？”我一定回答：“独自一人在东京 4 年画漫画诸子

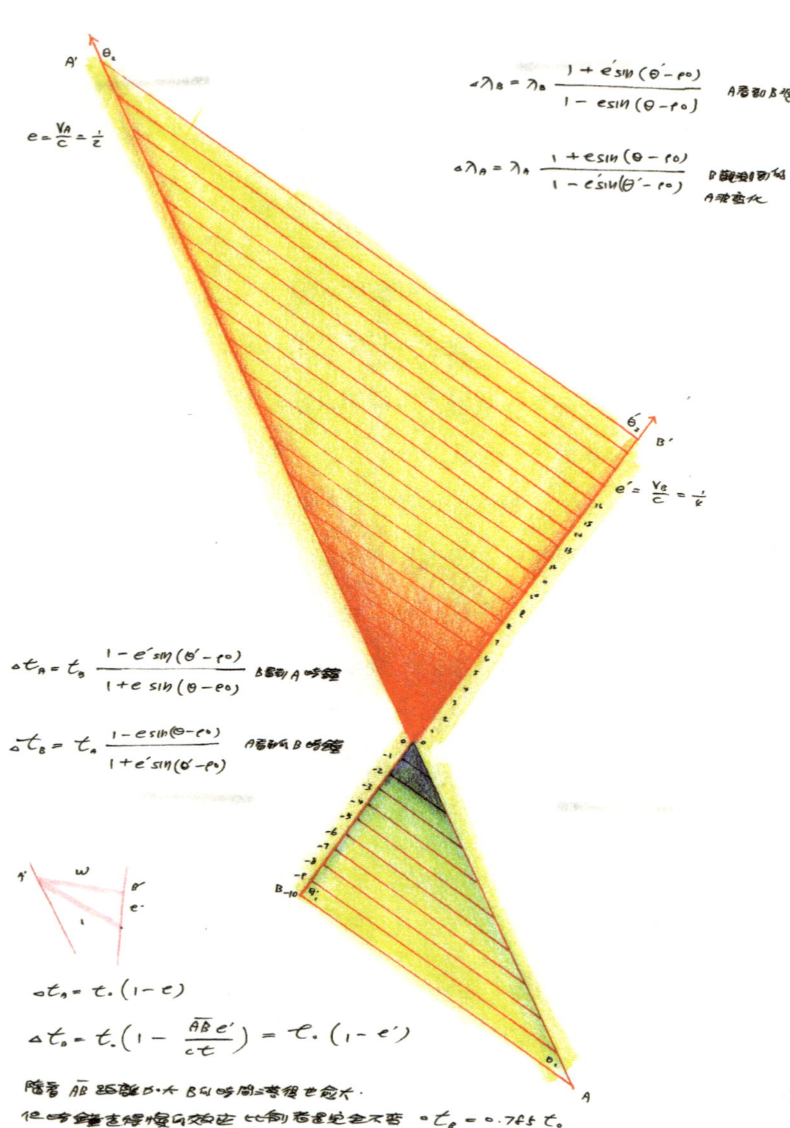

物理研究手稿

百家系列，是人生中第二快乐的日子；闭关研究物理 10 年，是人生中最快乐的日子。还有什么能比一个人独享一大段时间，做自己最想做的事情更快乐的呢？”

由于移民温哥华，决定画佛陀禅宗思想的漫画，为了参考佛陀造像而购买第一尊铜佛，因铜佛而结识星云大师，因打坐引发自发动功，进而到台大李嗣涔教授研究室，最终决定闭关研究物理。整个过程像冥冥中注定的，环环相扣，最后物理研究完成，铜佛收藏总数也达到 3520 尊。

附言：我 10 年闭关的研究成果以附录方式放在本书最后几页，如果有兴趣，不妨随意看看。

第十一章 | 结缘少林

杭州是人间天堂，

少林是禅宗祖庭，

我预先为自己的一生下脚注：

我生于台湾，老死于杭州，葬于少林寺。

入驻杭州

2009年春节期间，我接到香港好友温绍伦电话：“你到过杭州吗？”

“没去过杭州。”

“杭州计划发展动漫，4月底举行‘第五届中国国际动漫节’，想邀请你出席。”

“好的。”

4月27日下午，我第一次到杭州，出席国际动漫节。一下飞机就直接赶到萧山饭店评审，选出“最佳漫画金猴奖”。

自从白居易担任杭州刺史、苏东坡当过杭州知州之后，一千多年来派驻杭州的领导大都是知名文人，现任杭州领导都很有文化，对文人很尊重。

6月5日，我跟温绍伦再度到杭州，洽谈在杭州成立巧克力动漫公司的细节。当晚与凤凰卫视浙江公司总裁葛继宏和西湖区王炬书记在湖畔居喝茶，决定入驻由老水泥厂改建的凤凰创意园。第二天到园区实地考察，选好一栋四层独栋大楼当办公室。

2009年9月29日，凤凰创意园区正式开园，巧克力动漫公司也在当天正式启动，制作13集《西洋美术史》动画片。

本以为凤凰创意园是凤凰卫视所投资的，这时才知道跟凤凰卫视完全没有关系，而是地点正位于凤凰山。

我跟葛总戏称：“到凤凰国际创意园开公司是被你骗了。”

葛总笑着说：“我从没说过凤凰创意园跟凤凰卫视有关系啊！”

不过也由于这场美丽的误会，葛继宏成为我杭州最好的朋友。

我在杭州西溪湿地湖边别墅成立“蔡志忠工作室”，此后便以西溪湿地为家，75%的时间都住在这里。西溪湿地大楼住了很多名流，余华、麦家、杨澜、马云都是邻居，其中我跟麦家来往得最多。

杭州是人间天堂，西溪湿地是天堂中的天堂。当地媒体问我：“你为何选择杭州？”

“杭州天气跟台北很像，距离也很近。”

“你现在住杭州，还是住台北？”

我回答：“女人是男人的家，女人在哪里，家就在哪里！我的女人在台北，我的家在台北。”

我猜媒体期望我回答：“我的家在杭州。”便能把访谈标题定为：杭州是蔡志忠的家！

我接着说：“我生于台湾，老死于杭州，葬于少林寺。”

“哇！老死于杭州令人感动，但为什么葬于少林寺？”

我出版过《漫画六祖坛经》《漫画禅说》《漫画心经》《漫画金刚经》等很多禅宗经典，跟少林寺的关系缘起几年前的一段因缘。

2003 年春天，少林寺派达摩易筋经传人释延王到台北，邀请我到少林寺参访。

我对释延王说：“目前我正闭关研究物理，有朝一日我一定会到禅宗祖庭少林寺参访。”

位于杭州西溪湿地的“蔡志忠工作室”

2006年8月21日，闭关时期，龙卡通队参加选拔，取得代表权代表台湾地区参加第45届“亚太杯”桥牌大赛。我问队员张擎宇：“今年‘亚太杯’在哪里比赛？”

张擎宇说：“在上海奥林匹克酒店。”

我说：“哈！比赛结束后，我带大家到少林寺。”

跟方丈联系，永信方丈说：“好极了，我在天王殿广场立一个‘蔡志忠漫画碑’。”

我答应了：“好，这几天我设计好之后，再传给你碑文和图样。”

这届“亚太杯”龙卡通队成绩很棒，是亚洲的第一名，我与搭档黄光辉先生全部赛程牌数平均分是全部参赛选手的第一名。

第二天早上，我带着台湾桥牌队员和香港著名导演袁和平团队、好友温绍伦、漫友出版社金城社长等一行三十几人到少林，出席9月3日早上举行的“蔡志忠碑”揭碑仪式，下午参加方丈特地举办的“第一届功夫问禅”。同时也跟谭盾、袁和平、朱哲琴三位大师约好，将来大家合作拍出国际水平的三维动画电影《功夫少林寺》。

从此便跟少林方丈释永信结下不解之缘。释永信方丈是一位执行力很强，修养又很好的修行者。几年前我曾经为《千年少林——方丈释永信》这本书写了一篇序。

忍辱仙人少林方丈

中国功夫冠天下，天下武功出少林。

少林寺是少林武术的发源地，少林武术也是举世公认的中国武术正宗流派。

但少林也因为功夫太有名而被误解了。

诚如方丈自己所言："1982 年电影《少林寺》出来之后，少林功夫深入人心。人们通过少林功夫认识了少林，但人们也通过少林功夫而误解了少林。"

2006 年 8 月 31 日，"亚太杯"桥牌赛后，我跟队友们一行三十几人到河南嵩山少林寺。

晚间少林方丈释永信大师在登封市天中饭店设宴接待我们。席间我问方丈："听说方丈读 EMBA（高级管理人员工商管理硕士）？"

方丈回答："我中学没毕业。"

据我所知，永信方丈的确中学没毕业，但国内外两所大学主动颁发给他名誉博士和特聘教授头衔。

当下我发现方丈的境界比我高多了，因为换作我，我会据实回答："我中学没毕业，是别人主动颁发我博士和教授头衔。"

台湾读者对少林寺和少林方丈的了解，大概都是通过 Discovery 频道播出了很多次的《少林 CEO》专题里所得到的印象。很多人误以为少林方丈释永信大师是个跟出家修行无关的公司经营者，只是一个把少林寺经营得很成功的 CEO！

依我所知，中国大陆的寺庙所在景区归国家旅游局管理，寺庙只能经营让游客参观旅游与烧香拜佛的观光景点，不能像台湾道场的住

我与少林寺方丈释永信

持们，把自己化身为信众的精神偶像，拥有崇拜的信徒几百万人。因此方丈只能通过武僧的少林功夫把少林寺很成功地推向全世界，在全球一片功夫热的氛围下，方丈确实把少林寺和少林功夫经营为世界知名品牌。

2002 年，少林寺也开始着手将少林功夫申报为世界非物质文化遗产。同时为维护少林寺的名号以防假冒商品敛财，少林寺也注册了国际专利商标。

由媒体网络所流传的新闻，把方丈看成公司经营者而忽略了方丈佛学禅宗修行的境界，其实这是很片面的。方丈个人的禅宗修行境界可以从他平时处世的忍辱功夫中看出来。

2013 年春天，有个机缘与方丈共同出席台北的一个晚宴，席间有位学者突然问方丈："少林寺是禅宗祖庭，为何你不好好发展禅学？"

方丈客气地回答："纵观整部《景德传灯录》，真正开悟的人少之又少，今天更是如此……"

我知道方丈原本接着要说少林正把禅与功夫结合推展为"禅武合一"，以武修禅。但这位教授急着打断他的话："谁说的？我的老师萧平实就是一个开悟的禅师。今天台湾习禅修行而开悟的就有很多人，通过萧老师接引而开悟的信众就有400多人！"

接着那位学者便以一些佛学禅宗名相，引经据典地在席间跟另一位客人隔空高谈阔论禅宗、打坐、修行等禅学表面词汇。两人兴高采烈自鸣得意地侃侃而谈，俨然把自己当成开悟的禅师，把释永信方丈视为完全不懂禅的无学和尚。

整整二十几分钟的高谈阔论，方丈完全默然，没有回答只言片语，表情也没有呈现任何不悦情绪，虽然他是当晚宴请的主客嘉宾。

我的修养的确比不上永信方丈，我用力拍了一下桌子说："教授！你们今晚所说的长篇大论，除了打坐会提升智能这一句是正确的之外，其他全部都是狗屁！"整桌主客默然良久，于是饭局就此草草结束。

少林寺是少林武术的发源地，少林功夫的灵魂是佛教禅宗智慧。

方丈将禅与功夫结合，发展为"禅武合一"的境界。方丈说："少林功夫信仰的最初形态是禅定。'禅武合一'是少林功夫主流思想，并成为少林僧人修习功夫的目标和理想境界。禅宗讲究在现实的日常生活中修行，实现学佛的目标；功夫作为少林僧人日常生活的组成部分，也被纳入到学佛修禅的形式中。修习少林功夫的主体是禅者，禅心运武，透彻人生，内心无碍无畏，表现出大智大勇的气概。禅，赋予了少林功夫更为丰富的内容。少林功夫带给禅者特有的轻松、自在、神化之境界。”

今天的少林寺，禅、功夫都是世界品牌！少林功夫在世界上无人不知。方丈能在短短二三十年间，将一座原本残破的寺庙发展为世界知名品牌，除了归功于他的经营能力，更重要的是方丈修行“忍辱波罗蜜”的功夫一流。他像《金刚经》里被歌利王断手断脚割截身体而默不吭声的忍辱仙人一样，无论舆论怎么说，大家对他如何误解，他只是忍辱默默地做。

他说：“中国佛教界对少林功夫很有意见，认为少林寺只打拳不做佛事是走偏了。但营造一个有利于少林寺发展的环境，少林寺今天的所作所为，不仅要让寺庙的僧人理解，让佛教界理解，还要让全社会理解，最终经得起历史的检验，这对我来说，有着不可推卸的责任。”

我有缘与方丈相处四次，也谈了很多人生的话题，但从没听他为自己辩护过。

如果有人问他：“世间谤我、欺我、轻我、贱我、恶我、骗我，如何处之乎？”

相信方丈一定会回答：“只是忍他、让他、由他、避他、耐他、敬他，不要理他，再待几年，你且看他。”

他脚踏实地默默耕耘，不理会别人对他如何评价，因为他早已悟通人生的真理：

手把青秧插满田，低头便见水中天。

心地清净方为道，退步原来是向前。

之后我又去了几次少林寺，去年找到愿意投资三维动画电影《功夫少林寺》的投资者。2014 年 5 月 4 日，我跟资方在少林寺举行《功夫少林寺》开拍新闻发布会，释永信方丈乐见本片开拍，还特别为我们举行祈福法会。

我已从事动漫行业 50 多年，大概还会继续下去

第十二章 动漫一生

没有人跟我们结仇，
故意不看我们的动漫。
观众只是没跟自己的荷包结仇，
故意花钱去买不好看的东西。

动漫产业的未来发展

我目前出版过300本漫画，开过7年动画公司，拍过无数动画广告影片和动画电影《老夫子》《乌龙院》，1980年为联合国国际儿童年拍过一部23分钟的世界童话故事《杜子春》。

我从事动漫产业 50 多年，在此讲一点个人对动漫产业未来发展的看法。首先谈我所知道的漫画。

漫画风潮不再了吗？

早在 1957 年，台湾曾经非常流行漫画和武侠小说，当年街道的骑楼柱子摆几片漫画书架，就摆摊做起漫画与武侠小说的租书生意了。而我就是那个年代的漫画迷和漫画家。由每天出书量和漫画家、武侠小说家的数量推论，漫画与武侠小说的流行不是始于香港，而是始于台湾。记得当年光是住在文昌出版社的漫画家人数，就可以组三个以上棒球队了。但由于不断被打压，台湾地区失去有可能成为世界第二大漫画王国的机会。

漫画是受欢迎的主要原因

我的漫画作品在全球有很多翻译版本，主要的原因不是因为蔡志忠多有名，也不是因为题材是中国诸子百家，最重要是因为“漫画”！

图像是今天的语言

与其写一大篇博士论文，跟没见过榴梿的人说明“什么是榴梿”，倒不如拿出一颗榴梿放到他的眼前。

相对于文字，人们更喜欢看图像。因为图像最直接，又浅显易懂，尤其是造型离奇、动作夸张、故事吸引人的漫画，更是老少咸宜的说故事利器。

我曾疯狂地画漫画

我有个小孙女，她 17 个月大时，我第一次跟她同桌吃饭，她埋头猛玩苹果 iPad 游戏，根本没空理我。

在数字时代的今天，传统书、文字阅读将会慢慢式微。50 年前漫画受欢迎，今天看图像长大的小孩对图像构成的漫画、游戏将更着迷。漫画无国界！漫画是世界的语言！无论小孩、大人、老人，都爱看！

一个职业漫画家、漫画从业人员不可不知道漫画受欢迎的原因。

1. 文字要少，故事进行要快

台湾有句俗语："烂戏，喜欢拖棚。"

我早在当小漫画迷的时候，就发现漫画故事的进行节奏很快、文字对白很少，漫画的这两个特点特别吸引小朋友。

当了职业漫画家之后，我也自我要求故事进行要快，不能像晚间八点档连续剧那样，老在相同场景，剧情停滞不前。我画《聊斋志异》时，一本 124 页的漫画里我就画了 12 个故事，为的是使故事更紧凑，内容更丰富。

漫画中的对白文字要尽量少，文字太多便会失去漫画的独特性。我画漫画诸子百家思想，将文言文翻译成白话时，也是尽一切可能使白话文不多过文言文。否则密密麻麻一大堆文字就不叫漫画了。

2. 令读者着迷的是漫画中的"兴奋剂"

严格说来，我画的漫画诸子百家思想、朱德庸的四格漫画和几米的绘本，都只是漫画中的维生素，而不是米饭，据说吃了对身体有帮

助，不吃也不会饿肚子。

剧情故事漫画才是真正漫画中的米饭，读者像上了瘾一样，迫切期待能接着看续集，就是要知道接下来主角人物的遭遇。而这令读者着迷的就是漫画故事中所隐藏的“兴奋剂”。如同我们去买一包烟，为的不是包装盒美丽或是外国名牌，而是烟叶里的尼古丁。

含有“兴奋剂”的漫画要件是：主角要受读者喜爱，一位不令人认同、喜欢的主角，谁会去关心他的下场如何？日本周刊连载漫画，主编常常由读者回函知道第二男主角更受欢迎，因而要漫画家改变戏份，升格第二主角为第一主角。

3. 高效率的漫画家才会红

成为一名职业漫画家，能买车买房养家糊口，生活过得还不错的成功率大约千分之一。首先他必须真的爱画画！这样才不会把画画当成一件苦差事，才能坐得很久，漫画之路才能走得又远又长。

第二个重要的关键是：他画画的效率必须要很高，画得又快又多。

如果漫画以张数计算收入，画得很慢便无法维持生计，如何能依靠漫画养活自己一辈子？

当漫画家当然希望有朝一日走红，火热了当然要一鼓作气，尤其是故事漫画，一年才勉强出两三本，读者隔很长时间才能看到下一本，剧情不能连续，热情都冷了，漫画当然很难红。

日本周刊漫画连载的当红漫画作品，每星期要上 16 页，一个专业漫画家一星期画 16 页，应该是最起码的要求，有的漫画家还同时在不同漫画周刊连载，一星期需要画 32 页或 48 页漫画。我自己连续做了整整 157 个星期记录，平均每天画 4.7 页漫画，等于一年画 14 本 122 页的漫画书。

身为漫画从业人员必须要知道：

终生爱漫画才能成为职业漫画家，

高效率的漫画家才有机会走红。

4. 需要专业漫画主编人才

依我的观察，两岸的漫画出版都很不专业，出版社没有漫画专业主编，而是让漫画家自己玩，出版漫画畅不畅销全凭运气。

我住在日本的时候，曾问讲谈社单行本主编阿久津先生："60 年来，《周刊少年》漫画换过无数总编辑，请问你们的宗旨是什么？"

他回答："有趣、有益。"

所以讲谈社出版了棒球题材的《巨人之星》，日本剑道题材的《好小子》和溪钓的《天才小钓手》等寓教于乐的漫画作品。

我又问："集英社的《少年跳跃周刊》的宗旨是什么？"

阿久津说："集英社的宗旨是勇气、友情、胜利。"

所以集英社推出了《北斗神拳》《圣斗士星矢》《七龙珠》《灌篮高手》等英雄豪杰漫画。

人们崇拜英雄，喜欢胜利！勇气、友情、胜利正是全世界永恒不变的畅销公式，也因此集英社的漫画比讲谈社的漫画更受欢迎。

我们无法否认日本是当今世界的漫画王国，他们从第二次世界大战之前就已经开始发展漫画，并且以企业经营的方式做了六七十年。我常跟漫画出版商建议，应该聘请集英社退休的漫画主编到中国来示范什么才是正确的漫画主编！

5. 纠正国人对漫画的错误见解

小时候，我常听爸爸对别人说：“报纸乱写！历史乱写！教科书乱写！”

我不知道父亲是不是乱讲，但也养成凡事要自己亲自去证实，不会把白纸黑字看成真理的好习惯。长大后也的确发现：错误的亚里士多德物理学，也在学校当成真理教了2000年。由此证明，就算印在教科书上的白纸黑字也并非都是真理！

然而今天国内的父母师长还是一厢情愿地相信白纸黑字比较接近真理，读文字书比看漫画有水平。误认为漫画是小学三年级以前的小孩所看的低级玩意儿，长大了还看漫画就是不长进！

其实正确的看法应该是：漫画书是通过漫画手法表达的一本书，如同文学是通过文字表达的一本书一样。问题在于内容，而不在于文字或是漫画。

漫画是一种语言，漫画是一种表达的手段。除了幽默讽刺和故事剧情之外，漫画还可以画诸子百家思想，也可以画物理、数学、佛学、禅宗思想。现在我们就可以发现：漫画书有很多是经典名著，文字书也有很多是言不及义的烂书。

如果有一天，我们的官员也能在公开场合拿出西装口袋里的漫画书，向媒体介绍他正在看的漫画书，那时就是漫画获得平反之时。

动画的未来

在还没有计算机以前，世界上有能力制作二维动画的地方并不多，真正把动画当作企业经营的更少。35 年前，台湾是少数把动画当企业经营的地方之一。当年包含全球员工最多的宏广动画公司在内，台湾有超过 10 家动画公司。改革开放以后，到苏州、无锡、上海等地开大型动画加工厂的大多是台湾老板。当然今天我们看到大陆动画的年产量 26 万分钟，这等于 3000 部 90 分钟的动画电影，或 11300 部 23 分钟的电视片。但只有量没有质的动画，拍好之后，很可能连走出公司大门都有问题，更何况要放眼亚洲迈向世界呢！

观众没有跟我们结仇

记得 30 多年前我制作动画电影《七彩卡通老夫子》，我自己是导演和 50% 的投资者。在 1981 年暑假档上片推出时，票房打败李小龙、成龙和 007 等好莱坞电影的所有票房纪录。因为我始终相信观众没有跟我们结仇，故意不排队买票看我们自制的动画片，而刻意去看日本的宫崎骏或好莱坞的《功夫熊猫》。

观众也没跟自己的荷包结仇，为了鼓励本土自制动画电影，而刻意去看不好看的动画片。观众排队买票进场看电影，只为了好好享受90分钟的娱乐。

拍动画电影很花钱又耗时，谁也无权自渎，花光投资者的钞票，制作出不好看又不优雅的动画电影。

什么才是拍出好动画的关键?

几年前，有人曾对我说:“我们不知道该走日本路线，还是走韩国路线。”

我问他:“你说的是什么意思？”

他说:“日本路线就是先出版漫画，然后再拍动画片。韩国路线是先推出游戏，火红之后再拍动画片。”

我回答:“这都不是问题重点，现在最重要的是先要有会用画面说故事的人！我们的问题是缺少动画编导和动画电影的专业制片。”

依我个人的看法，中国动画产业未来要发展得更好，动画从业者得先改变自己的观念，并克服以下的几个重点。

1. 技术不是问题，重点在于优秀的动画编导

一个好听的笑话，

光用嘴巴讲就很好笑了。

一个不好笑的笑话，无论我们把它画成彩色漫画还是拍

成三维动画片，都不好笑！

故事版决定电影的生死。

如同漫画受读者欢迎，是因为漫画里的主角人物和故事情节，而不是漫画家的画工。除非他是个想当漫画家的美院学生，才会关心漫画技巧。技巧只是诉说故事的手段，而不是重点。

同样地，观众排队买票进场看电影，为的是去享受一个半小时的奇幻之旅。

很多导演常常说："这一段没戏！这一段的戏很好！"

戏，就是掐住观众的心！令他哭，令他笑！令他紧张，令他为主角的未来担心！所以一部票房电影，它的题材一定很新颖，故事情节一定很吸引人。

百分之八十的好莱坞电影都很一般，但百分之八十的好莱坞动画电影都很好看，大概是因为动画电影的制作过程旷日持久，编导人员大都是一个人独自在室内工作，有很多时间可以冷静地思考，因此所拍出来的故事、画面、场景都比较优雅有境界。

目前我们动画产业的困境，就是缺少擅于用画面讲故事的优秀动画编导人才。

一部动画电影，最关键的是企划故事题材、定场景与人物造型风格和画好整部动画的故事版。以上这些最大的关键是团队创意与编导的个人气质、境界与品位。钱的问题不大，而是要找到对的人！一个错误决策所做出来的故事版，离开会议室把它交给皮克斯动画公司制

龙卡通时期，我曾和同事们一起拍出很多优秀作品

作也没救！

培养优秀的动画编导人才是当务之急。这样的人才除了靠学校培养之外，他自己本身必须要很有文化、有主见、有想法，看了很多书，也很喜欢看电影，而不光是在学校很会读书，考试考一百分。

2. 故事题材与人物造型

跟别人讲话，如果我们一味地谈自己，对方很快就会失去兴趣。如果我们改变话题，说："嘿！刚刚我听马化腾老板如何称赞你们这部门！"该部门的腾讯员工，应该会马上睁大眼睛仔细聆听。

同样地，我们不能选择对方完全不熟、不感兴趣的题材拍动画电影，如同我们不能拿臭豆腐、皮蛋卖给全世界一样。就算是身为票房导演的卢卡斯、斯皮尔伯格选择的拍片主题——星球大战、大白鲨、外星人、侏罗纪，也都是观众感兴趣的全球性题材。

在全球单一市场的今天应以全球为考虑。

张艺谋、陈凯歌、冯小刚拍真人电影，用中国演员，在中国场景拍戏，只好选择中国的故事题材。因此除了在中国内地放映之外，很难发行到世界各地。

动画电影则完全没这个问题，无论以外星人当主角，还是以1000光年远的星球作为故事背景，或是讲100年后的故事，都没有问题。如果我们拍动画片还拿臭豆腐、皮蛋当题材，这岂不是搬起石头砸自己的脚？

3. 建立东方的好莱坞

在20世纪60年代，以过气或初露头角的好莱坞影星当演员，由意大利人导演及监制的西部片，如克林特·伊斯特伍德所主演的《荒野大镖客》《黄昏双镖客》便很成功地打入了全球市场，成为很有特殊风格的意大利式西部片。香港导演与制片也常以欧美影星拍好莱坞等级的电影。

中国的优势是制片成本相对于好莱坞便宜许多，而中国本身的电影市场也够大，像《唐山大地震》《让子弹飞》的票房将近7亿人民币。因此中国早已经有条件成为东方的好莱坞，有如早年香港成为亚洲制片的大本营一样。而动画电影更比真人电影有利于打开世界市场，期待这一天能及早来临。

4. 众人等待第一部惊世动画电影的诞生

台湾国泰企业创始人蔡万春说："最坏的时机，正是最好的时机。"

当《功夫熊猫》在中国大卖的时候，有人说："我们要以正宗土产的功夫动画片，打败《功夫熊猫》！"

姑且不论是否有能力办到，光是这主意本身就是错误的策略。想要振兴我们的动画电影，应该倒过来：

拍一部很好看的动画电影，

成功地打入国际市场。

例如1981年，我在拍《七彩卡通老夫子》时，台湾出品的琼瑶、刘家昌的三厅式爱情电影已经没落，当时是港片兴起横扫台湾电影市场的年代。我拍好《七彩卡通老夫子》之后，在普遍认为港片比台湾片好看的观念下，如果把战场设在台湾，跟港片一较长短一定很困难。

我们的策略就是先到香港上片，成为三年来香港地区票房最好的台湾片，然后再回来台湾上片，结果台湾媒体大肆报道这则振奋人心的影剧新闻，首映第一天早场，观众排队买票的长龙就有1000米长。结果打破台湾有史以来最高票房纪录。

同样地，在中国致力于发展文化创意动漫产业七八年之后的今天，如果有一部动画电影能在美国大卖，之后再转战回国上映，肯定会有大量的媒体报道，因为大家都引颈期盼，等待一部振奋人心的好作品出现。

套用一段宫崎骏说过的话："我如果能让一个孩子拥有一部令他无法忘怀的作品，就是一种很幸福的体验，因此我将努力不懈地继续完成我的工作。"

对于一生从事动漫行业的我，有幸能活在快速变革的时代，有机会能跟大家一起为动漫产业的未来尽一份心力，光想到这里，我的内心就充满使命感！我将努力不懈，期待有生之年能完成使命。

人生致谢辞

1999 年 12 月，Discovery 频道整整一个月播出 20 世纪最伟大的画面，其中有一段是诺贝尔文学奖得主、爱尔兰剧作家萧伯纳的人生致谢辞。整段视频只有一个萧伯纳半身镜头，满头银白的短发，长相非常优雅。

萧伯纳说：“我这辈子要感谢我的家人、师长、朋友对我的爱护，由于你们对我的爱护，让我这辈子过得幸福无比，Thank you! Thank you! Thank you!”

然后他转头对左右两边和中间，微笑着说：“Bye bye!”“Bye bye!”“Bye bye!”

将完这段致辞一个星期后，他就离开人世，享年 94 岁。

洞山圆寂

开悟禅师都自知何时要离开此世间，有的禅师还自己决定要走的日子，六祖惠能、洞山良价都是如此。

公元 869 年 3 月，洞山良价禅师知道自己远行的日子已到。

洞山对弟子们说：“我要走了，你们不可以哭，生时操劳，死为休息，悲伤哭泣没有任何好处。”

他便命人为他剃发披衣，撞击寺院的大钟，洞山良价安然坐化。弟子们看到师父真的走了，放声大哭了好几个时辰，洞山忽然睁开眼睛从座位上站起来。对众僧说：“出家的人不要为虚幻的外物所牵制，这才是真正的修行。”

于是洞山又跟弟子们一起生活，一起吃饭。七天之后，洞山又跟弟子们说：“我要走了，这次你们不可以再哭，再哭我又要再活回来！”

于是洞山就回到自己的禅堂，端正地坐在那里圆寂了。

乡下的告别式

小时候在乡下，大家都很穷，每当有老人家自知该是走的时候了，便会要大儿子替他准备后事。于是将正厅大门拆下来，放在两条长板凳上面，铺上垫被当床，让临终的老人家躺在正厅右侧，左侧则摆上刚买来的棺木。

外出工作和出嫁的亲人赶回家见最后一面，老人家交代完后事，两三天后就走了，村人帮忙处理出殡等后事。

贫困的农村很少有人敢上医院，生怕账单一下来几年也还不清。这种生于家里、死于家里的做法其实很人性，又死得有尊严。

我一生没生过病，也从没去过医院。

即便临死之前我也不会去医院企求通过高科技设施来延长寿命。

生于台湾、老死于杭州、葬于少林寺

自从入驻杭州，我常在媒体宣称：“我生于台湾、老死于杭州、葬于少林寺。”

永信方丈已经跟我谈定，我死后会葬在少林寺塔林。我也一定有自知将离开此世的能力，我也会学习乡下老人的处理方式，学古代的禅师向弟子们交代后事，也会学萧伯纳来一场人生的告别式，我会在西溪湿地蔡志忠工作室的后院湖边办一场限额 60 个亲朋好友出席的人生告辞会。

一星期后我走了，烧成骨灰，让女儿带着骨灰上少林寺，交给永信方丈办理后事，再葬在塔林。

萧伯纳与洞山都是开悟禅师，自知自己为何来到此世间，自知自己要走的日子。

人哭着出生，开悟者笑着而去，
把人生活成一趟自在精彩之旅。

人生感言

本书完结之前，透露一个人生秘密。

我和我的漫画

生命的至乐不是享受美食，不是度假旅游，不是奋斗之后的功成名就。

而是制心于一处、制身于一境，完成自己的梦想。

我很爱孤独，很享受置身孤寂中做事。

年轻时，曾经坐在椅子上58个钟头，

独立完成一个4分钟动画电视片头。

曾经42天没打开门，

关在屋子里完成一件很花时间的工作。

只身在东京4年，

完成漫画中国诸子百家系列。

闭关10年又40天，研究物理、数学。

平常我天黑就睡觉，子夜一点起床，站在窗口边喝咖啡，对着星空看着假装看得到的星星冥想思考，然后开始画画工作。当我们的焦点完全处于自己所热爱的事物上，就能很快完成，这时万籁俱寂，唯一会听到的只是笔在纸上的“沙沙”声和自己的心跳声，像是全宇宙唯有自己一人存在。大脑会源源不断地分泌脑啡肽胺多酚，一股莫名的至乐由头部缓缓往外传递充满全身，舒畅得有如一股甜蜜的河流缓缓地流过身躯。这种美好感受，除非自己亲身经历，否则难以用语言文字跟别人形容。

每逢这种情境，常会不由自主地赞叹：“生命真是美好。”

37岁时，我一个人待在东京画漫画诸子百家，东京有1000多万人口，对我而言却有如无一人的北极冰原。

我像走在北极的一匹狼
宇宙孤寂得唯有一人存在
偌大的冰原
唯一会动的只是山雀的眼睛
默默无言，朝向梦想
唯一会听到的只是那颗炽热的心

常常有人问我："你为什么要画画？"

我总是回答：

你为何不去问花为何要开？
树为何要长？
云为何要飘？
水为何要流？
时钟为何要走？
因为花就是爱开，
树就是爱长，
云就是爱飘，
水就是爱流，
时钟就是爱走，

我就是爱画画。

我从 15 岁成为职业漫画家，直到今天从事动漫 50 多年，这些年来我每天画画。从子夜一点，连续工作到下午两点才吃午饭，我 40 多年来不吃早餐，最近几年来每天只吃一次。除了蛀牙和感冒之外，我从没有生过其他病，没去过医院。

由于我一生从事自己喜欢的工作，所以从来不累、不饿、不困、不病、不死。

有人说："你真是超乎常人地努力认真。"

我总是回答："我一生从没工作过，唯有的只是梦想完成的享受。"

有人说："每周工作 60 个钟头而不累，真难以理解。"

我说："从事需要毅力支撑的事物才会累，当你选择自己的挚爱作为职业，无我地跟焦点谈恋爱，便没有累这回事。"

如果现在你问我："你对自己的一生有何感想？"

我会回答："日日是好日，处处是天堂。"

弟子问京兆兴善寺惟宽禅师说："天堂在哪里？"

惟宽禅师回答："就在眼前！"

弟子说："我为何看不到？"

惟宽禅师说："因为你有自我，所以看不到。"

弟子说："你看到了吗？"

惟宽禅师说："有你、有我便不能看到天堂。"

弟子说："无你、无我之时，就可以看到天堂？"

惟宽禅师说：“无你无我之时，还有谁需要见天堂！”

天堂在哪里？天堂不在别处，就在当下眼前！人生在世，世间就是天堂，但只有无我的人才看得到。因为天堂只存在于无我的地方。

我一生涉及很多领域，董秀玉经常说：“不能把蔡志忠只归列为漫画家。”

哪天我真的走了，如果要我为自己盖棺论定蔡志忠到底是什么，我最乐意的说法是：“蔡志忠是个开悟的禅师！”

跋一 | 艺术与科学的美丽结合

台湾大学数学系教授蔡聪明◎文

我今高耸入青云，
静待霹雳雷一声。
——尼采

数学是我的专业，数学教育是我关切的主题之一。如何将抽象与深奥的数学以生动的方式呈现出来，一直都是我思考的命题。因此我很用心地写了一些东西，尝试要把数学变得有趣，以利于年轻学子学习。我也读过市面上一些漫画数学的书籍，但是并不满意，只觉得漫画可能是表现数学的一个方便之门。然而，要如何实现，对我却是一个大难题。

2001 年 2 月的某一天，我突然接到陌生人蔡志忠的电话，约我在 2 月 16 日见面。第一次相遇，他就谈到要把数学变成漫画的雄心壮志，有心要为年轻学子学习数学贡献心力，社会养育他，他要反馈社会，这让我非常感动。

我记得 2 月天虽然有些寒冷，但是内心是温热的，激动的，真正感受到艺术家的热情与想象力，充满着智性幽默。从此，我由他的读者变成他的朋友，开始近距离认识他，互相学习，互相激励，这是我这一生的奇遇。

后来才渐渐知道他在 1998 年开始闭关，钻研物理学。偶尔听他谈论心得，谈到得意处，眉飞色舞，自信满满。我对他虽然偶有质疑，甚至跟他争执，但是我仍然欣赏他的“顶真精神”。

现在他终于要交出成果，留下他努力追寻的足迹。站在朋友的立场，我要给他祝贺。然而，我是物理学的门外汉，仅能把我对他的了解介绍给读者。

从小就喜爱思考

蔡志忠开窍很早，从小就喜爱思考，小学三年级立志要当漫画家。往后“思考”成为他的核心，现在已达到“享受思考的乐趣”之境界。

他是一位漫画家，观察敏锐是必要条件。对称性思考、逆向思考、非习惯性思考等奇思妙想更是他的家常便饭。他同时拥有显微镜与望远镜的观点，能够切入事物的直观无限细部，又能够精准抓住整体大域的神韵。

如果幸福就是从小就知道自己将来要做什么，并且心想事成、实现目标，那么蔡志忠是一位幸福的人。他随时都知道自己要做什么，自己在做什么。

自学成功的典范

蔡志忠是一位自学成功的人，学习能力高强。他完全体现了学习的精义，那就是“尽早学会自己独立学习”。事实上，一个人的学问几乎都是自学、终身学习得来的，经过消化才变成自己的血肉。

在物理学史上，自学成功最著名的人非英国的法拉第莫属。他是印刷厂的装订学徒出身，利用工作之余读刚装订好的书，并且努力研究电磁学，终于成为一位伟大的物理学家。爱因斯坦的书房就挂着法拉第的画像。

法拉第发现电与磁互相感应，是一体的两面。

英国女王问他：“你的这个发现有什么用处？”

他反问女王：“女王陛下，女人生孩子有什么用处？”

另一个说法是，他回答道：“女王陛下，将来你可以靠我的发现，抽到很多的税。”

现在这句话已经完全应验，我们很清楚：没有电磁学就没有今日的计算机信息时代。

蔡志忠的实践能力是第一流的，他自学的成果是：画了大约 300 本漫画，翻译成 45 国的语言，销售 4000 万册；得过 125 个桥牌冠亚军与其他成就大奖。目前还累积有将近1000本的草稿，他的创作力实在惊人。他不是著作等身，而是著作大于身！

聚焦、创意、满脑子的ideas

蔡志忠是一位实现自我、自由自在的觉者，即佛家所说的“觉者”。他自觉地活在当下，面对神秘的未知与忽隐忽现的美，他是捕捉与创造的高手。他经常能够化寻常为不寻常，化腐朽为神奇，点石成金。他专注、聚焦，对于工作乐在其中。

他说：“当你聚焦于一个论题、一个工作时，连死神都会怕你！”

古希腊的数学家毕达哥拉斯，把哲学与数学当作一种生活方式，通过哲学与数学的探索与研究，以达到净化灵魂、提升心灵、获得智慧的灵修路径。这就是毕达哥拉斯独创的“数学教”。

对于蔡志忠来说，漫画就是他的一种生活方式，完全融入他的生活之中，像呼吸一样自然。因此他又说：“真正的漫画家是没有画漫画会死。”

画家凡·高“将热情化身为色彩，灵魂化身为形象”，而蔡志忠则是：

将热情化身为彩笔，灵魂化身为漫画。

他每天为思考与创作而工作，真正是：

一位整个身体与灵魂都为制作与漫画而活的人。

平地一声惊雷

蔡志忠多才多艺：从电影、卡通、桥牌、漫画，到古代经典，无不精通。他崇拜爱因斯坦，近年更致力于研究最严格的两门学问：物理学与数学。艺术与科学同源，并且都是创造想象力的实现，只不过表现的工具与方式不同而已。艺术的狂想要受美的制约；数学的想象最终要通过逻辑（计算与证明）的检验；而物理学更严苛，除了要受逻辑的制约，还要接受实践的检验，大自然是物理理论成立与否的最终裁判者。

然而，蔡志忠不畏艰难，要用最受一般人喜爱的漫画来载道，载“物理之道”与“数学之道”，化抽象为具体的图像，把真与美结合起来。他敢于挑战一般人认为最困难的事情，这就是浪漫与勇气。若没有满怀的热情和毅力，这是办不到的。现在他要开始交出成果，第一本是《时间之歌》，后续还会有源源不绝的作品，像清泉般汩汩流出。让我们拭目以待。

对于这么勤奋用功、努力创作并且勇于实现梦想的人，我们除了敬佩之外，就是屏息静待“平地一声惊雷”！

物理的惊心动魄

最后我要引述物理学家狄拉克（Dirac，1902 ~ 1984，在 1933 年获得诺贝尔物理学奖）的一段对话来跟读者分享并且互相勉励。

有人问物理大师狄拉克：“物理学何时终结？”

亦即什么问题解决了之后，物理学就会到达最后的统合，使得往后物理学的工作只是细节的处理，多算小数点之后几位数字就好了。

狄拉克答道：“我不认为可以回答这样的问题。事实上，我不知道！我只知道物理学家在未知的领域中前进，但不知道会到达什么地方。这使得物理学是如此迷人和惊心动魄！”

再问：“你现在仍然感觉到物理的惊心动魄吗？”

答：“那当然！那当然！”

问：“物理的理论与观测具有什么关系？”

答：“最重要的是，先要有一个漂亮的理论。如果观测的结果与理论不合，不要太快灰心丧志，稍微等待一下，看看观测中是否含有错误未显现。”

问：“如何欣赏物理的美？”

答：“你就直接去感觉它，正如绘画与音乐的美一样。你无法描述它，但它确实存在。如果你感受不到，那么你只好自己承认，没有人能够为你解释。如果一个人无法欣赏音乐的美，那么你又能对他怎么样？不要理会他就是了。”

问：“理论的念头从何而来？”

答：“你只能尝试想象宇宙可能会怎样。”

——2005 年 11 月 4 日

跋二　蔡志忠 50 岁开始与物理谈恋爱

1905 年，爱因斯坦发表了 5 篇包括“狭义相对论”在内的伟大物理研究报告；100 年后，联合国为纪念爱因斯坦，把 2005 年定为国际物理年。当年《科学美国人》杂志专访台湾 5 位跟物理有关的名人，我是被专访的 5 位之一，以下文章就是对我的专访。

艺术家无边的想象力，这回要挑战的是既绝对又严谨的物理。把自己的脑子当实验室，蔡志忠觉得自己和偶像爱因斯坦很像，因为爱因斯坦的发现，也是先在人脑中完成，“而且我们都很害羞、痛恨束缚，喜欢独自思考”。

天还未亮，习惯凌晨起床的蔡志忠，已经做了好多事情。望着饭店窗外红磡湾上的点点渔火，波浪起起伏伏，海平面上下合而为一的景象，刚刚思考过的宇宙学、银河系、量子力学，在蔡志忠脑海里霎时融会贯通。

那是1998年8月底，50岁的漫画家蔡志忠到香港参加“埠际杯”桥牌赛。原本就对物理、数学有着浓厚兴趣的他，比赛结束返台后便宣布，要闭关三年专心研究物理。

“我向出版界的朋友说，没有任何理由、任何人和事物，可以阻止我研究物理。”蔡志忠像个大孩子般兴奋地说，“原本以为自己花三年就可以把物理给弄通，没想到到现在，已经是第7个年头了。”

从小就爱漫画的蔡志忠，为了编故事，什么书都拿来读，他也爱看侦探小说，甚至梦想过成为侦探。20世纪90年代初，蔡志忠接触到台湾出版市场的一些科普书时，他发现物理就像是所有案件里的头号嫌疑犯，而自己可以当个宇宙侦探。

“就像一般的科普读者，我很爱看黑洞、时间逆流等主题，因为它们都非常玄妙。”

这些神秘未知的领域，早就让蔡志忠深深着迷。

初中二年级便辍学上台北，以一圆漫画家之梦的蔡志忠，在画了《大醉侠》《光头神探》《肥龙过江》等搞笑四格漫画后，36岁已经买了三栋房子，有860万元台币存款。然而他发现：“这些钱已经够用一辈子，为什么要再切割生命拿来换钱、换名片上的头衔？我当下决定不再赚钱，要把生命用在去做有意义的事情、做对学子有益的事上。”

接着他以独特的画风，再加上亲身的钻研与体悟，画出了《庄子说》《老子说》等一系列畅销漫画，为他带来了声名，经济上更从此不虞匮乏。

蔡志忠笑自己说："就像是欧洲的贵族，有钱有闲就会想要去研究宇宙的起源、时间是什么等问题。"

但是蔡志忠并不是到学校从正规的物理理论学起。闭关的第一年，他不再看科普书，而是放任自己狂想，因为他觉得知识会妨碍思考。第二年，他读起了牛顿的《自然哲学的数学原理》等书，尽可能钻研这些"古籍"。他直到第三年才去学数学，因为"数学也会妨碍我的思考"。

蔡志忠向台大数学系蔡聪明教授学习微积分，上课的笔记与感想，在他的簿子上都变成了漫画。他把读到的所有物理理论、方程式全部自己运算过，确认它们的真伪；他观察周遭的现象，试着用微积分的计算来描述它们的变化；最后，他开始自己思索空间、质量之外，时间的定义问题。

第一次看莱布尼茨那优美而内敛的级数方程式，他起了一身鸡皮疙瘩！

物理、数学、微积分，一般人避之唯恐不及，为什么蔡志忠可以这么着迷？

"小孩子最喜欢新奇的东西，最不耐烦的是一成不变。有什么东西会比物理更好玩？有什么东西会比数学更美？数学会被认为很困难，主要是因为老师教得不好。"

蔡志忠很喜欢做恒等式，也喜欢计算椭圆形；他会在浴缸里、马桶旁观察水流，再想办法写成方程式来描述；而他家的厕所，便贴满了他还没想通的数学问题。动脑的乐趣、解开题目时的喜悦，让他“就像进入了一个逆光的房间，门窗都打开了，身体也在发光，我感动得快要跪下来。那种滋味，你只要尝过一次，就会上瘾”！

地板上的物理书籍堆积如山，而物理书堆的后面，则是蔡志忠自学物理、涉猎科学史所做的笔记，总共有好几书柜。他也会找物理学家朋友一起讨论，交换心得，虽然他们花在争辩上的时间可能比较多。

来一场东方文艺复兴

蔡志忠觉得，科学随着西方人的思考模式，已经越研究越深入，探究的点越来越小；若要研究宇宙、时间这种大尺度的问题，东方人或许更适合、更有优势。

“老子是中国最早的理论物理学家，若要谈宇宙创世，老子的说法绝对正确！”

蔡志忠倡议应该来一场东方文艺复兴，因为要先对西方的物理史、数学史、哲学史有通盘的了解，才有可能在“巨人的肩膀上增加一些东西”。

不过蔡志忠又说：“如果照着西方的轨道，我们不可能超越前面的火车。”

即使现在使用的数学与物理是西方的轨道，蔡志忠也希望将来能走出自己的方向。最近，他正以自己的一套语言，企图解释时间之谜，事实上，他也不在意将来外界能否接受他的想法。这一切或许就像蔡志忠的好友、台湾地区研究院物理研究所的余海礼所说的：“留待宇宙的真理来检验。”

至于为什么一定要另辟蹊径，蔡志忠回想起小学时最照顾他的自然老师李再兴。

“课本上、生活上不懂的，我都跑去问李老师，他也会热心回答。如果是老师不知道的，他会说他要回家查书再告诉我。”

蔡志忠发现，老师不是万能的，做学问不能全靠老师；同样地，研究物理若想要得出重大发现，就必须自己开创道路。“计算机可以做加减乘除，可是它不会思考。我和别人最大的不同，就是大脑‘有问题’！”

他再三强调，教育应该先让学生进入一种困境，才会有所顿悟。填鸭式的学习不是良方！

蔡志忠说，自己把“思考”列为一切之先，因为学习不能死背，他用系统式的记忆，记的是“取出来的方法”。蔡志忠认为，现在的教育体制与家长观念有偏差，才让学生把时间花在没有效率的学习上，他希望年轻学生们都要有自己的一套专长，即便不是物理，每个人也应该有自己的一把刷子！

未受到传统物理思路的束缚，再加上艺术家无边的想象力，蔡志忠用他独有的跳跃式思考体会物理的乐趣，而且再也离不开物理。

“物理是我最大的享受。对我而言，思考、发现与求知的过程，就是对人的回馈。”

本文转载自2005年9月出版的《科学美国人》杂志国际物理年特刊

附录一 | # 狭义相对论的时间理论是错的！

蔡志忠◎文

天机可泄

2300 年前，楚国大诗人屈原在《天问》这篇文章里，提出了 168 个天地宇宙的问题：

是谁创造了宇宙？
是谁让天地运行的？
是谁令日月星辰日夜不停，
永不止息地运转？
……

研究物理问天地宇宙问题，最美妙的地方是：大自然不会给你100个答案！但是会呈现出它运行的一贯规律，好让你能窥视出隐藏于底层的秘密。

我1990年开始研究佛陀思想，看了数百本佛教经典，也画了24本佛法笔记，出版了漫画《佛陀说》《法句经》《心经》。在这段时期，我一直都置身于佛法所形容的禅定状态中。

长久以来，我一直都很喜欢物理，因为它具有强烈的神秘特质，像是隐藏着无穷的未知宝藏！而“神秘未知”总是十分诱人，时时刻刻吸引着我思考宇宙时空的种种问题。每天清晨的第一道晨光，像是来自遥远宇宙的呼唤，试图敲开我那“心中的黎明”！

1998年9月3日，我开始闭关，停止之前的日常工作，试图唤醒内心深处的阿赖耶识，以响应那来自遥远宇宙的低声呼唤，一心钻研物理，希望能一举敲开“宇宙物理的神圣殿堂”，一窥隐藏于事物背后的物理规律。

1998年9月3日，我闭关研究物理，至2008年整满10年。为何要花10年时间研究物理？因为：求知是人类永远的渴望！

犹如伊丽莎白·巴特利特（Elizabeth Bartlett）所说：“因为我渴望了解无穷，所以我画一条线在已知和未知之间。”

我强烈渴望了解无穷

我从小就体会到踩在问题与答案之间的那条线，是世间没得比的至乐。所以我也在天地之间画了一条线，试图在有生之年，能由未知越过已知那道线的另一边。

闭关10年研究物理，我究竟发现了什么？

这10年来我画了16万张物理数学画稿，写了超过1600万字，虽然早在5年前就有重大发现，但一直迟迟没有发表我到底发现了什么。

如果，有人正要发表和我所发现相同的物理新发现，但允许我于一个钟头前，先让我做两场各30分钟的物理发表会，我能道尽这10年的重要发现吗？答案是肯定的！真正重要的话，不是千言万语，而在于是否有强而有力的关键物理发现。

第一个发现：唯识观的光速秘密

时间是由一长串无穷无尽的光子谱出的乐曲，用排笛吹奏出的宇宙史诗。

我发现了光速的秘密！

我发现了光速的秘密！

存在于宇宙任何时空的任何宇宙人，无论他以接近光速运动或完全不动，他所看到的光速都相同，是常数C，这是宇宙最大的秘密。

或许有人马上要说：这不是早在150年前，麦克斯韦的电磁方程式里就写出来了吗？爱因斯坦于狭义相对论也证明光以不变常数C运动，无论你以多快的速度运动，光速都相同，会改变的是你的时间流速，而不是光速。

光速C是主观的数学计算！

我所说的跟爱因斯坦把光速设为不变常数C，引为狭义相对论的两条基础定理之一的意思不同。我发现的光的最大秘密是：

无论我们以接近光速运动或完全不动，
“所看到的光速都相同，是常数C”。

这才是光的最大的秘密！

我们无法真正用尺丈量光速，我们只能经由光通过自己的方式，得出自己所看到的样子。

我们无法测出，一道由空中划过的光的速度。我们只能经由光通过我们的方式，得出我们所看到的光速。

挑战爱因斯坦的时间理论

美国《科学美国人》杂志说物理界有三种狂人，其中有两种与爱因斯坦有关：

1. 宣称爱因斯坦的某个理论是错的。

2. 宣称完成爱因斯坦所未能完成的统一理论。

3. 宣称发现了永动机的制作方法。

爱因斯坦几乎是史上最伟大的理论物理学家，敢证明自己在物理的某方面比超级伟大的爱因斯坦还厉害，当然是够狂妄的了。

然而爱因斯坦所有发表的理论真的完全没有错吗?

但如果这个说法成立，不等于在替 1955 年以后的人自宫，从此以后所有的人一定要百分之百承认爱因斯坦的任何理论都没有错，也不能提出质疑，这不就表示今后再也没有人能超越爱因斯坦，能接续他完成统一理论?

爱因斯坦真的伟大到不能质疑，不能挑战他过去所发表的任何理论吗?

越是伟大的错误，阻碍真理的时间就越长。大家别忘了伟大的古希腊哲学家亚里士多德的物理学，由公元前 350 年到公元 1650 年曾经被我们当成物理圣典，在学校教授了 2000 年。直到伽利略—牛顿的真正物理学出现，才取代亚里士多德错误的物理课本。

1905 年，爱因斯坦连续发表三篇惊天动地的物理论文，同时他也是量子力学极为重要的开拓者。爱因斯坦如伟大的牛顿一样，一生中的物理成就非凡，如 $E = MC^2$ 质能转换公式、狭义相对论、广义相对论、光电效应、分子的布朗运动、激光、波色爱因斯坦场论等多得不可胜数。爱因斯坦不但物理成就高得吓人，他更具有关怀人类未来的伟大人格特质和对宇宙真理的衷心尊敬。

第二次世界大战前，纳粹政府发动100位德国学者联名，一起指称爱因斯坦的理论是错的。

爱因斯坦说："如果我的理论错了的话，只要有一个人出来说就够了，不必100个人出来说。"

他在《爱因斯坦文集》第三卷"伽利略在狱中"中感慨地说："与我相较，真理是无比强大的。而且依我看来，试图用长矛和瘦马去捍卫相对论是可笑的，并且是堂吉诃德式的。"

爱因斯坦不但物理成就伟大，还具有超凡的品格，他认为唯一检验理论体系的实际上是现象世界。如果有人证实相对论与真理违背，他不会无聊地去捍卫自己的理论。

物理学是永远不会走到尽头的，它永远发展着，逐步、逐步地接近真理。

科学家探察宇宙物理的奥秘，走在已知和未知之间，而目前的时间理论算是已知正确无误的真理吗？《圣经》的宇宙观也被我们当成不能质疑的圣典，直到哥白尼、开普勒等人的天体学说出版之后，才慢慢真相大白。

宇宙是物质能量在时间、空间中运动变化过程的总和。物质能量、时间、空间是支撑宇宙物理神殿最重要的三根神柱。然而，物质是什么？能量是什么？时间是什么？空间是什么？其实我们不像自己所以为的那么了解什么是物质、能量、时间、空间！

时间是宇宙中最重要的物理量。《时间之歌》是“东方宇宙四部曲”同时出版的三本书之一，整部“东方宇宙四部曲”试图由对时间、空间、物质的真相，找到通行全宇宙统一的物理语言，并能一路到底由宇宙、超星系团、星系、恒星、行星、台风、气象到原子、电子的质量、半径、速度、重力、密度、温度、周期都可写成只有时间 t 和光速比 e 两种物理符号的统一公式；而这种一路到底描述宇宙万物的方法，极有可能是进入统一理论的钥匙。

看谁在膨胀?

《时间之歌》这本书试图证明：爱因斯坦狭义相对论里时间会因为速度而膨胀的理论是错的，并提出适用于全宇宙所有有情无情众生的时间方程式。

《东方宇宙》则是提出一路到底，通行全宇宙时空所有外星人的统一物理语言。依美国《科学美国人》的标准，这两本书的论点已经算是两个二分之一狂人了。两个二分之一狂人相加，是不是等于一个狂人？可能不是个简单的算数加法。然而，《时间之歌》的论点是不是自我膨胀？爱因斯坦狭义相对论里的时间理论是否正确？还是本书的时间理论正确？

时间是检验真理最好的炼石。最公平的仲裁者，当然是“时间”本身！

如果时间真的会膨胀，则证明本书的确在自我膨胀。如果时间不会膨胀，则证明本书没有自我膨胀。

时间的真理

圣奥古斯丁说:“当你不问我‘什么是时间’时,我觉得我知道‘什么是时间’。但是当你问我‘什么是时间’时,仔细一想,我就糊涂了,我根本不知道什么是时间。”

萨特是位伟大的哲学家，他伟大到自己虽然没钱，却不肯去领取100万美元的诺贝尔文学奖奖金。对于时间他自有一套存在主义看法。

萨特说:“时间是人的强烈幻觉。”

时间方程式

时间是由一长串无穷无尽的光子谱出的乐曲，用排笛吹奏出的宇宙史诗。

1998年9月3日开始，我闭关10年研究物理。在这10年物理研究中，我究竟发现了什么？我发现了光速的秘密和全宇宙统一的时间进行计算方法!

无论是100亿光年远，或100亿年后……任何一位宇宙中存在的智慧生物，他在光水的环境中必然也会得出相同的宇宙统一时间计算方法。宇宙有自己的一套标准时间进行方法，而不是爱因斯坦在狭义相对论中所说的："时间依观察者的速度改变进行的速率。"

光速不变与时间

什么是我所发现的"时间的秘密"？

存在于宇宙任何时空的任何宇宙人，无论他以接近光速运动或完全不动，他所看到的光速都相同。这是宇宙最大的秘密。

我所说的光速不变，跟爱因斯坦把光速设为不变常数 C，引为狭义相对论的基础定理的意思不同。爱因斯坦是先验式的假定任何速度的观察者所看到的光速都相同。而我所说的光速不变是：我们只能以"唯识观"观察到光速。而大家所看到的唯识观光速皆相同。

我们没有真正看到光速，我们所看到的光速是"唯识观的光速"！

什么是唯识光速？

宇宙中任何智能外星人所看到的唯识光速是一样的。我们所看到的波长是以一个波通过时花多长时间计算的，而不是以它通过我们当下真正在空间的行进速度。

我们无法真正用尺丈量光速。我们只能经由光通过自己的方式，得出自己所看到的样子。

我们无法丈量一道由空中划过的光波！

我们只能经由每一光波通过我们的瞳孔或天文望远镜的时间来求出真正光速。

爱因斯坦说："速度改变了观察者的时间进行速率。"

其实只要一句关键的话，就可以证明：

爱因斯坦狭义相对论里的时间理论是错的！

AB 相对速度只会造成：光源 A 原事件与 B 观测事件之间事件时间长度的不同！

会伸缩的是波长而不是时间

> 时间不会因相对速度而伸缩，
>
> 会伸缩的是所观测到的波长！

我们所看到的波长是以一个波通过时花多长时间计算的，而不是真正在空间所画出的 AB 距离。

一个困扰科学家的问题是：

光源在运动、观察者在运动、光在空间中运动，如何在三者都运动的情况下正确地求出光速？

光速与波长到底是怎么回事？

宇宙美妙的机制

一个物理作用，必引来另一个物理效应。一个变化，必然引起另一种变化。天下没有白吃的午餐是最美妙的还原机制。

因果相生

任何一种变化必产生另一种效应……

效应便是还原的机制！对光传递的 AB 相对运动，会因为相对速度改变观测波长，也因此产生多普勒效应。

光源或观察者运动会改变波长是“因”，变化的波长改变产生多普勒红移是“果”。因生“果”，果还原“因”，因果相生，果因回到“本来如此”。

还原“本来如此”

虽然观测事件的时间，不同于原事件时间。

但借由多普勒红移得以还原事件时间和 AB 之间的真正距离。

相对速度 × 观测波长 = 光速 × 空间波长

波长改变的相对法则是：

光波与光源之间的相对速度或光波与观察者之间的相对速度与光速之比 e。

相对速度变化与通过的波长变化相互抵消，通过多普勒红移我们很容易便可以逆求回光源事件本身发生的真正时间长度。

观测波长与观测时间长度是一体的！

我们并没有真正看到光速!

我们只看到自己所看到的波长。

而观测一个波到底有多长，要看它通过观测点时花了多长时间!

“当观察者 B 远离光波 C 时，相对速度变慢，通过一个波的时间变慢，波长被拉长；观察者 B 与光波 C 相互逼近时，相对速度变快，通过一个波的时间变快，波长被压缩变短。”

观察者与光波之间的相对速度，反比于观测波长变化的大小。我们所看到的波长是相对于时间改变的。唯一绝对不变的是“唯识观的光速”!

附录二 | 什么是正确的时间理论？

蔡志忠◎文

爱因斯坦的狭义相对论是在洛伦兹和庞加莱等人的理论基础上提出的，应用在惯性参考系下的时空理论，也是对牛顿时空观的拓展和修正。按照狭义相对论的理论，物体运动时质量会随着物体运动速度的增大而增加，同时，空间和时间也会随着物体运动速度的变化而变化，即会发生尺缩效应和钟慢效应：时间会因为速度变化而改变流速。

然而爱因斯坦的狭义相对论理论中的时间理论真的是对的吗？

虽然狭义相对论是讨论光在不同速度的坐标中相互运动的思想实验，然而整部狭义相对论中竟然没有只言片语提到光波与光源和观测者之间的光波变化，只提到速度、距离和时间。

首先我们先来探讨所谓宇宙中的时间、空间、距离、速度到底是怎么回事。

时间、空间、距离、速度

莱布尼茨说：“所谓空间距离是针对两个质点的长度而言。”

依莱布尼茨的空间距离理论，运动必然是针对空间中的两个质点而言。

运动必运动于所运动的空间！

速度＝距离 ÷ 时间

由于光速不变，时间＝距离 ÷ 光速

而迈克尔逊－莫雷实验的光程运动是运动于地球上的迈克尔逊干涉仪，干涉仪的两道不同方向光程也同时随着地球运动，两道不同方向的光程距离一样，当然所花的时间也一样。

如同在以半个光速行进的银河火车中，AB 两个人以相同球速相互抛球，球来回的距离、速度、时间都会相同，而无关于银河火车以什么速度运动。

如果以半个光速行进的银河火车中，AB 两个人同时向对方发出光，其结果会如何？

以半个光速行进的银河火车中，A 在车头 B 在车尾的两个人同时持续向对方发出相同波长的光波，会产生什么变化？

蔡志忠理论与思想实验

让我们先了解一下光源与接收者的相互运动中，光波在空间中运动的定义：

1. 运动必运动于所运动的空间！

2. 速度＝距离 ÷ 时间

时间＝距离 ÷ 速度

距离＝时间 × 速度

3. 光产生之后，便与光源的速度无关。

光速不变原理＝由发光的空间之点以光速（30 万千米每秒）向外扩张。

4. 我们无法观测一道通过天空的光，我们只能观测通过我们的瞳孔或通过天文望远镜的光。

5. 观测通过观测器的光波运动变化为：

当 A 光源相对于 B 接收者以相对速度远离或逼近时，接收者收到的光波会因为 AB 的相对运动而产生光波的红移或蓝移。

6. 光波的红蓝移变化＝在相同时间中，A 光源发射光波的总波数与 B 接收者光波的总波数之比。

7. 如同音速喷射机在空中形成的音波一样，一道光波画在空间中的波长长度是依光源的速度而改变的。但光源所发出的光波长度是一定的。

波长＝总波数 ÷ 时间

8. 观测者所看到的波长＝通过观测者的总波数 ÷ 观测时间

结 论

无论是在运动的地球上的迈克尔逊－莫雷实验，或在以半个光速行进的银河火车中，AB 两个人同时向对方发出光波实验，其结果是不会产生光波的变化。

因为在相同时间中，光速不变，运动的空间距离不变（AB 距离不变），光波来回运动所花的时间也不变。

唯一的变化只是：B 观测者接收到 A 光源所发出的光波，会因为 AB 之间的距离而延迟。其延迟时间＝ AB 距离 ÷ 光速。

时间方程式：

时间＝通过 B 观测者的总波数 × 所观测的波长 ÷ 光速

时间＝ A 光源发射的总波数 × 所发射的波长 ÷ 光速

对于 A 光源与 B 观测者而言，无论 AB 分别以任何速度行进，AB 的时间流速都相同，绝对不会因为自己的速度改变时间的流速。

唯一的差别只是 A 光源发射的时间与 B 观测者接收到光波的时间延迟，所延迟时间＝ AB 的距离 ÷ 光速

对于宇宙中以各种不同速度运行的所有质点而言，时间是公平的！

时间是宇宙中的参考系数，不会因为质点的速度不同而改变时间

的流速。

来看看爱因斯坦狭义相对论的说法：

对于静止的观察者同时的两事件，对于运动的观察者就不是同时的。假设两地各发生了一个事件，比如发生了一次在 AB 的中点 C 的观察者，由人 AB 发来的光信号同时到达 C 点，推测两事件是同时发生的。按定义，它也的确是同时发生的，地面上的每一位静止的观察者均会同意。

但一个由 A 向 B 运动的观察者却不同意，因为也是在 C 点，他却发现 B 的闪光先于 A 点到达。按定义 B 事件先于 A 事件，它们是不同时的。也就是说，同时性不是绝对的，而取决于观察者的运动状态。这一结论否定了牛顿力学所引以为基础的绝对时间和绝对空间框架。

以上爱因斯坦的假设和论点是错的！

真相是——

麦克斯韦说：“两个光源发出的光速跟光源的运动速度无关，都是光速，光速是一个常量。”

假设 AB 相距 600 万千米，AB 的中心点为 C，AB 同时发出波长相同的光波到对方需要花 20 秒钟（假设 AB 发生的整个事件也是 20 秒）。有一个位于 C 点不动的 X 观察者和另一位以 1/2 光速的速度由 A 向 B 行进的 Y 观察者。

1. 由 AB 所传来的光波一直持续在 AB 之间的空间中传播，位于

C点不动的X观察者看到由AB发出来波长相同的光波同时到达C点，X观察者认为AB事件是同时发生的。

2. 另一个以1/2光速由A向B运动的Y观察者，当他抵达C点时所观测到AB光波的事件与位于C点不动的X观察者所观测到光波的事件是一样的，XY所看到的都是整个事件发生到刚好一半。

唯一不同的是X观察者前10秒还没看到AB传来的事件，后10秒才看到AB事件之前的10秒讯息。还有10秒事件的讯息没通过C点。

而Y观察者花了20秒由A抵达C时，当他刚一离开A的同时已经观测到A事件，而在13.33333秒时才观测到B事件。

Y沿路以来他看到的A事件是1/2速度的慢动作（光波红移），看到的B事件是3/2的快动作（光波蓝移）。

虽然Y观测到的AB事件并不是同时的。

但Y当然知道是因为AB的距离不同所造成的，如同我们夜晚一眼看到月球和火星，虽然两个星光同时抵达我们的眼球，但我们知道火星距离我们比月亮还要远，因此同时看到的火星的星光比月亮的星光早一点发生。

当Y抵达C点时共花时间20秒，在Y行进的20秒中，通过Y的A光波只有事件总光波数的1/2，A事件的1/2观察者Y还没有读取（光波还在AC之间传播）。

而通过Y观察者的B光波数为1 + 1/2，Y多读取了B事件之前的20秒讯息，而整个事件的1/2观察者Y还没有读取（光波还在BC之间传播）。

通过 Y 的 A 总波数 ×A 波长＝通过 Y 的 B 总波数 ×B 波长

X 时间＝通过 X 观测者的 A 光源的总波数 × 所观测的波长 ÷ 光速＝ 20 秒

X 时间＝通过 X 观测者的 B 光源的总波数 × 所观测的波长 ÷ 光速＝ 20 秒

Y 时间＝通过 Y 观测者的 A 光源的总波数 × 所观测的波长 ÷ 光速＝ 20 秒

Y 时间＝通过 Y 观测者的 B 光源的总波数 × 所观测的波长 ÷ 光速＝ 20 秒

以上四则公式的运算结果都是 20 秒。

对宇宙中的所有质点而言，无论以多大的速度行进，时间是一样的，唯一的差别是朝向光源时所读取的信息是压缩的，远离光源时所读取的信息是拉长的。时间不会因为观察者的速度改变流速，唯一会改变的只是所读取的总波数与波长的改变。

观察者所读取的总波数反比于波长

A 总波数 ×A 波长＝ B 总波数 ×B 波长

今天再回头看李嗣涔校长的十大物理问题，我现在有能力回答这 10 个问题。

Q1 ：目前实验所量赫伯常数所得出之宇宙年龄约在 80 亿～ 120 亿年，比宇宙中最古老的球状星团 150 亿年还要年轻，这是怎么回事？

A1 ：由这个问题可以反证，科学家目前将星光红移大小纯粹解释为宇宙膨胀的理论是错的！正确的观念应该是，一道星光穿越 150 亿光年空间，途中遭遇星尘碰撞所产生的康普顿散射，乃至光波能量消失而造成星光红移，因此星光红移应该解释为：星体与地球之间的距离。

球状星团可能密度太大，光由球状星团内部穿出的过程康普顿散射得更厉害，乃至造成更大的星光红移。

Q2：原子是由质子、中子、电子所构成，质子、中子是由夸克所构成，夸克又是由什么所构成的呢？

A2：我们误以为智慧无所不能，宇宙至大无外、至小无内。处于宇宙之内的我们，以目前的条件与能力还无法穷尽至大的外围有多大，至小的内核有多小。

500 年来，人类从至大是地球是宇宙中心到 150 亿光年宇宙，至小由物质、原子、质子、夸克，到无穷小，看来理论物理还有很长的路要走。

Q3：宇宙中的暗物质到底存不存在？如果存在又是什么样的结构？

A3：科学家所称银河系中心的黑洞，其实是空无一物的台风眼，只是规模尺度不同。当观测数据与目前科学家自己所认定的宇宙模型不同时，科学家便把它归为黑 X。我们有能力真正了解宇宙时，便可知道什么是暗物质。

Q4：似星体的发光能量太过惊人，远超过核子反应所能产生的能量范围，那么是什么作用产生如此巨大的能量？

A4：气象学是小尺度的宇宙学，我们目前所看到的宇宙是气的变化过程，一切都是气，一切宇宙现象在地球表面都观测得到。星系、星云、似星体等同于地球表面气象变化，只是尺度不同，例如：星系 = 台风，似星体 = 雷雨暴，似星体惊人的发光能量 = 雷雨暴中的闪电霹雳。

Q5：太阳辐射所产生微中子之量与标准模型所预测之量不合，是什么原因？

A5：科学家不完全明白微中子产生的原因，标准模型有误，才会预测量不合。

从太阳微中子问题可以反证，如果科学家连太阳为何每 11 年反转磁场，太阳磁场如何反转，太阳微中子为何与预测不合这些近在眼前的问题都不知道，还自称知道如何无中生有，知道宇宙如何创生，岂不是痴人说梦吗？我们应该先研究大地表面的气象变化，有一天必能了解微中子问题，知道宇宙如何创生，知道如何无中生有。

Q6：地球上的生命起源到底为何？流星所带来的有机分子？闪电所合成之氨基酸？利用有规则原子排列之矿物表面合成 RNA？

A6：如同台风形成于海洋，台风所夹带的雨滴、尘埃内含微生物，星系是尺度不同的超大台风，地球上的生命源起于彗星内所含微生物。

Q7：超光速的迅子到底存不存在？

A7：1901 年诺贝尔首次颁发物理学奖便是伦琴射线，100 年来因对光的研究而获奖的大约有 30 位，我认为还要有 70 位，人类才能真正了解光的真理。光速是宇宙的唯一尺度，除了光速不变之外，宇宙没有其他常数。超光速是不可能的，宇宙没有迅子，迅子来自某种错觉或其他效应。

Q8：人尺度大小的宏观量子现象是否存在？要在什么条件下才存在？

A8：量子现象是初始条件和观测结果的相对结果论。我们由名人的自传可以发现，由结果逆推：一生中任何一个机缘改变，必造成完全不同的命运。人的命运是所有机缘的叠加，一切机缘是不可分割的，改变其中任何一个，结果大不同。人一生的命运是人尺度大小的宏观量子现象。

Q9：量子现象中的不可分割性是否可以解释和预知未来？

A9：理性变化可预知变化的下一阶段，非理性变化不可预知未来。量子现象中的不可分割性与人类的行为分属于理性与非理性，理性与感性是分割的。

Q10：宇宙的维度是四度还是超过四度？若有超出之维度，如何测量出来？

A10：在四维空间里面，点、线、面、体积，所指的是它处于N+1维的某一位置。点在线的某一位置，线在面的某一位置。由逆推论我们知道：处于N维空间，会误以为自己处于N－1维。处于三维空间的人类知道我们正处于四维空间，然而第四维不是时间，时间只是三维空间的流变，X四次方的维度是针对X而言，既然X是一段长度距离，第四维当然也是长度距离。

个人年谱

1948年2月2日清晨,蔡志忠生于台湾彰化县花坛乡的一个小村。

1952年，蔡志忠的父亲送给他一块小黑板，也由此蔡志忠发现了自己爱画画的天赋。

1957年，蔡志忠决心以画漫画作为一生的职业。

1960年，蔡志忠考入台湾彰化中学。

1963年7月，蔡志忠放弃学业，只身去台北闯荡，任集英社的漫画师。

1968年9月，蔡志忠开始服兵役，在此期间亦没有放弃漫画，并毛遂自荐，留在高炮司令部后勤处，专职画画。他还自学中西美术史、美术设计等。

1971 年 10 月，蔡志忠退伍，到华美建设公司上班。11 月，蔡志忠进入光启社工作。

1973 年，蔡志忠自学卡通制作、电影制作，并制作了《小鱼吃大鱼》《傻女婿》等连续剧卡通片头。

1976 年 5 月 22 日，蔡志忠与光启社女导播杨婉琼结婚。

1977 年 2 月 22 日，蔡志忠与谢金涂共同成立远东卡通公司。

1979 年，蔡志忠与香港卡通大师胡树儒共同出资，合作制作动画《七彩卡通老夫子》，此片获得 1981 年“金马奖最佳卡通片”。

1981 年，远东卡通分裂，蔡志忠创立龙卡通公司。

1982 年 2 月 25 日，蔡志忠与皇冠出版社平鑫涛约定画漫画十年不悔。

1983 年 3 月 1 日，蔡志忠正式在《皇冠》月刊连载四格漫画《大醉侠》。

1984 年 1 月 1 日，四格漫画《肥龙过江》于《联合报》万象版连载。2 月 1 日，《光头神探》开始在台湾《民生报》、香港《明报》以及新加坡《新明日报》同时连载。3 月，签约开拍卡通电影《乌龙院》。蔡志忠结束龙卡通公司，成立蔡志忠漫画工作室，开始专注画漫画。12 月，蔡志忠赴日推广漫画，芳文社等报社开始连载他的漫画。

1985 年 4 月 22 日，蔡志忠与日本漫画家市川立夫合租，开始为期四年的东京之旅。5 月，突发灵感，开始画“漫画诸子百家系列”。9 月，荣获“台湾十大杰出青年”称号。

1986 年，推出四格漫画《水浒传》《西游记三十八变》。8 月

11 日，时报出版公司出版《庄子说》，该书跃居图书畅销榜榜首。12 月，《老子说》出版。

1987 年，与日本讲谈社签约出版“漫画诸子百家系列”，陆续出版《孔子说》《列子说》《世说新语》《禅说》《六祖坛经》《史记》《聊斋志异》《六朝怪谈》等作品。

1989 年 3 月，中国大陆出版“漫画诸子百家系列”，引起轰动。

1990 年 5 月 1 日移民温哥华。

1990 ~ 1993 年，研究佛陀思想。

1992 年，蔡志忠在温哥华正式拜岭南画派大师杨善深为师。

1995 ~ 1997 年，蔡志忠受邀担任英业达电脑公司顾问。

1998 年 2 月 2 日，蔡志忠与温世仁创办明日工作室。

1998 年 9 月 3 日，蔡志忠开始闭关研究物理与数学。

2004 ~ 2013 年，蔡志忠连续 10 年代表台湾地区参加 10 次“亚太杯”、3 次“世界杯”桥牌大赛。

2006 年 9 月 3 日，少林寺天王殿广场“蔡志忠禅宗漫画碑”揭碑。

2009 年 9 月 29 日，蔡志忠在杭州创办巧克力动画公司。

2010 年 9 月，蔡志忠于商务印书馆出版“东方宇宙四部曲”丛书，该丛书包括《东方宇宙》《时间之歌》《物理天问》《宇宙公式》。

2011 年 2 月 18 日，蔡志忠入驻杭州西溪湿地成立“蔡志忠工作室”。

2013 年 11 月，蔡志忠成为河南卫视“成语英雄”节目评审。

2015 年，蔡志忠开始拍摄动画电影《功夫少林寺》《武圣关公》。

图书在版编目（CIP）数据

蔡志忠：动漫一生 / 蔡志忠著．—南京：译林出版社，2021.5
ISBN 978-7-5447-8603-4

I.①蔡… II.①蔡… III.①蔡志忠 - 传记 IV.①K825.72

中国版本图书馆 CIP 数据核字（2021）第 046901 号

蔡志忠：动漫一生　蔡志忠 / 著

责任编辑　陈绍敏
特约编辑　苑浩泰
装帧设计　鹏飞艺术
校　　对　刘文硕
责任印制　贺　伟

出版发行　译林出版社
地　　址　南京市湖南路 1 号 A 楼
邮　　箱　yilin@yilin.com
网　　址　www.yilin.com
市场热线　010-85376701
排　　版　鹏飞艺术
印　　刷　三河市中晟雅豪印务有限公司
开　　本　940 毫米 × 640 毫米　1/16
印　　张　21.5
版　　次　2021 年 5 月第 1 版
版　　次　2022 年 8 月第 3 次印刷
书　　号　ISBN 978-7-5447-8603-4
定　　价　79.80元